JOHN C. MAXWELL

AUTOR #1 EN VENTAS DEL *NEW YORK TIMES*

EL LÍDER CARISMÁTICO

21 *habilidades para conectar con los demás*

JOHN C. MAXWELL

AUTOR #1 EN VENTAS DEL *NEW YORK TIMES*

EL LÍDER CARISMÁTICO

21 *habilidades para conectar con los demás*

El líder carismático

Publicado por Harper Enfoque, 501 Nelson Place, Nashville, TN 37214, Estados Unidos de América.
Harper*Enfoque* es un sello de HarperCollins Focus
HarperCollins Focus es una división de HarperCollins Publishers.

Este título también está disponible en formato electrónico y audio.

Título en inglés: *The Charismatic Leader*

HarperCollins Leadership.

Publicado en asociación con Yates & Yates, www.yates2com.

HarperCollins Publishers, Macken House, 39/40 Mayor Street Upper, Dublin 1, D01 C9W8, Ireland (https://www.harpercollins.com)

ISBN: 978-1-40035-347-7
eBook: 978-1-40035-348-4
Audio: 978-1-40035-349-1

Número de control de la Biblioteca del Congreso: 2026932488

Impreso en Estados Unidos de América
26 27 28 29 30 LBC 5 4 3 2 1

Otros libros por John Maxwell de Harper*Enfoque*

Actitud de vencedor

Cómo ganarse a la gente

Desarrolle el líder que está en usted 2.0

Desarrolle los líderes que están alrededor de usted

El lado positivo del fracaso

El mapa para alcanzar el éxito

El poder de las relaciones

El talento nunca es suficiente

La mejor inversión de un líder

Las 17 leyes incuestionables del trabajo en equipo

Las 21 leyes indispensables del liderazgo

Las 21 leyes indispensables de un líder

Lecturas diarias de Maxwell

Liderazgo, promesas para cada día

Liderazgo 101

Líder de 360°

Los cambios en liderazgo

Los 21 minutos más poderosos en el día de un líder

25 maneras de ganarse a la gente con Les Parrott

Seamos personas de influencia

CONTENIDO

Agradecimientos ix

Introducción: ¿Qué es el carisma? xi

PARTE 1: INTERESARTE POR LAS PERSONAS

1. Enfoca tu atención en los demás 3
2. Cree lo mejor de los demás 11
3. Añade valor a las personas 19
4. Anima a los demás cada vez que los veas 25
5. Recuerda los nombres de las personas 33
6. Aprende qué es importante para las personas 41
7. Escucha con un corazón abierto 49

8. Conoce la historia de cada persona 59

9. Expresa lo mucho que valoras a alguien 65

PARTE 2: INVERTIR EN LAS PERSONAS

10. Sé rápido para ayudar a los demás 75

11. Invita a las personas a unirse a tu equipo 83

12. Alienta los sueños de los demás 91

13. Comparte el mérito con los demás 99

14. Crea momentos especiales para los demás 107

15. Comparte información con los demás 117

16. Habla a las vidas de los demás 125

17. Construye puentes para los demás 133

PARTE 3: SER INTERESANTE PARA LAS PERSONAS

18. Haz todo con excelencia 143

19. Sé una persona generosa 151

20. Conviértete en un buen narrador 161

21. Ayuda a las personas a ganar 169

Conclusión: Conecta con carisma 177

Notas 179

Acerca del autor 189

AGRADECIMIENTOS

Gracias a Charlie Wetzel por su ayuda en la preparación de este libro.

INTRODUCCIÓN

¿QUÉ ES EL CARISMA?

¿Qué es el carisma? Y ¿es algo que todo líder necesita?

Comencemos primero con la segunda pregunta. Liderazgo es influencia, ni más ni menos. ¿Qué significa esta afirmación? Significa que liderar *siempre* conlleva trabajar con personas. Y es un hecho que todos están más dispuestos a *seguir* a personas con las que se *llevan* bien. Por lo tanto, si quieres liderar de manera correcta, usando la influencia en lugar de recurrir a la presión o la coerción, debes convertirte en una persona agradable y hacerte accesible y atractivo para los demás. Tener carisma hace que las personas *quieran* pasar tiempo contigo, trabajar contigo, y lograr objetivos valiosos a tu lado.

¿Hay personas que nacen con un carisma natural, con una habilidad innata para atraer a otros? La respuesta es sí, eso es innegable. Las personas de Gallup que desarrollaron StrengthsFinder lo llaman la habilidad de ganarse a los demás (WOO, por sus siglas en inglés). Si posees dicha habilidad, eso es excelente. Pero si no la tienes, te daré buenas noticias. El carisma es como el liderazgo. Se puede aprender y desarrollar. Sin importar cuánto talento natural tengas para liderar, puedes desarrollarlo y convertirte en un mejor líder. De la misma manera, no importa si tienes mucho o poco carisma natural, ya que puedes aprender a ser más carismático y desarrollar la habilidad de volverte más agradable.

¿Cuál es el secreto del carisma? En realidad es muy simple: enfocarte en los demás. Para ser carismático no necesitas ser físicamente atractivo, alto, atlético, talentoso o rico. Solo necesitas interesarte por las personas y hacerlas sentir importantes. Cualquiera que haga eso puede conectar con otros y convertirse en una luz brillante en un mundo gris.

Frederick L. Collins dijo: «Recuerda siempre que hay dos tipos de personas en el mundo: los que entran en una habitación y dicen: "¡Aquí estoy yo!", y los que entran y dicen: "¡Ah, ahí estás tú!"».[1] La esencia del carisma es la habilidad de pensar *¡Ahí estás tú!* con cada persona que conoces y tomar acciones que les hagan saber que son importantes. Si haces eso, podrás conectar con ellas.

> **«Hay dos tipos de personas en el mundo: los que entran en una habitación y dicen: "¡Aquí estoy yo!", y los que entran y dicen: "¡Ah, ahí estás tú!"».**
>
> **—FREDERICK L. COLLINS**

En este libro te guiaré a través de veintiuna maneras sencillas de desarrollar carisma al interactuar positivamente con las personas. Aprenderás habilidades en tres etapas:

1. Interesarte por las personas
2. Invertir en las personas
3. Ser interesante para las personas

El carisma comienza al interesarte por los demás. Cuando te preocupas por las personas y aprendes sobre ellas, *te* encontrarán interesante. A partir de ahí, aprenderás maneras sencillas de invertir en los demás para añadirles valor. Finalmente, aprenderás cuatro maneras de volverte más interesante. Es aquí donde la mayoría de las personas erróneamente intenta comenzar a desarrollar carisma, pero es, de hecho, la etapa menos importante de las tres. Para ser carismático, haz que tu vida se trate de los demás.

Si te tomas el tiempo para practicar estas habilidades sencillas con otras personas cada día, ellas te buscarán y querrán relacionarse contigo. Conectarás con ellas. Y además recibirás mayores oportunidades para añadirles valor, liderarlas, y crear éxito para todos.

PARTE 1

INTERESARTE POR LAS PERSONAS

1

ENFOCA TU ATENCIÓN EN LOS DEMÁS

No sé cuál será tu destino, pero una cosa sé: los únicos que estarán realmente felices son quienes han buscado y encontrado cómo servir.

—ALBERT SCHWEITZER

Las personas verdaderamente carismáticas se interesan por los demás y centran su atención en ellos, no en sí mismas. En mi libro *Cómo ganarse a la gente* hablo sobre el principio de la perspectiva, que dice: «Toda la población del mundo, con una pequeña excepción, está compuesta por los demás seres humanos».[1] Tenemos que salir de nosotros mismos, ver el cuadro general, y comenzar a poner a otras personas primero si queremos vivir nuestra mejor vida y llegar a ser mejores líderes. Todas las personas del mundo son importantes, no solo nosotros.

«Toda la población del mundo, con una pequeña excepción, está compuesta por los demás seres humanos».

—EL PRINCIPIO DE LA PERSPECTIVA

Si nunca en la vida has pensado en estos términos, es el momento de intentarlo. Cuando las personas piensan que son el centro del universo, no solo se están preparando para una gran decepción al descubrir que no es cierto, sino que también se aislarán de todos los que les rodean. Eso hace que liderar personas sea difícil. Nunca he conocido a alguien que trabaje bien con la gente y que no haya dominado la habilidad de apartar sus ojos del espejo y servir a otros con dignidad.

CÓMO ENFOCARTE EN LOS DEMÁS TE AYUDA A *TI*

La mayoría de las personas admitiría sin dificultad que el altruismo es una cualidad positiva, y hasta el individuo más egocéntrico posee, en el fondo, el deseo de ayudar a los demás. El problema, en algunas ocasiones, es cambiar nuestra conducta para adquirir el hábito de enfocarnos en los demás en lugar de en nosotros mismos. Aquí tienes tres ideas que te ayudarán a recordar que debes mantener tu enfoque en las personas, que es donde realmente debe estar:

1. ENFOCARTE EN LOS DEMÁS TE DARÁ UN SENTIDO DE PROPÓSITO

Si te gusta ver series antiguas en blanco y negro, puede que te hayas topado con Danny Thomas, el artista que protagonizaba *Make Room for Daddy*. Thomas observó: «Todos nacemos por una razón, pero no todos descubrimos cuál es. El éxito en la vida no tiene nada que ver con lo que obtienes o logras para ti mismo. Es lo que haces por los demás».[2]

Thomas no solo creía eso, sino que también lo vivía. Como artista y estrella de televisión exitoso, podría haberse limitado a disfrutar los beneficios de su éxito, pero deseaba algo más. Fundó el Hospital St. Jude, un centro de investigación dedicado al tratamiento de niños que padecen enfermedades catastróficas. Y Thomas dedicó gran parte de su vida a apoyarlo. Eso le ayudó a disfrutar de un propósito mayor. Enfoca tu atención en los demás, y tal vez se revele un propósito más grande para tu vida y tu liderazgo.

2. ENFOCARTE EN LOS DEMÁS PUEDE DARTE ENERGÍA

Enfocarte continuamente en ti mismo te drenará la energía. En cambio, enfocarte en los demás suele tener el efecto contrario. Mi amigo Bill McCartney lo sabía cuando era entrenador principal de fútbol americano de los Colorado Buffaloes en los años ochenta y principios de los noventa. El entrenador Mac había oído que la mayoría de las personas pasa el ochenta y seis por ciento de su tiempo pensando en sí mismas y solo el catorce por ciento de su tiempo pensando en los demás. Sin embargo, sabía instintivamente que si sus jugadores dirigían la atención hacia las personas que les importaban en lugar de enfocarse solo en sí mismos, tendrían acceso a una fuente de energía totalmente nueva.

En 1991, el entrenador Mac decidió usar esa información cuando se enfrentaba a un gran desafío. Colorado iba a jugar contra su archirrival, los Nebraska Cornhuskers, en casa de los Nebraska. El problema era que Colorado no había ganado un juego allí en veintitrés años. Pero el entrenador McCartney creía en su equipo y buscaba un modo de inspirarlos a alcanzar el éxito. Al final, decidió apelar a su amor por los demás. Lo hizo desafiando a cada jugador a llamar a una persona a la que amara y decirle que le dedicaba el partido. El entrenador Mac también animó a los jugadores a pedirle a esa persona que viera cada jugada, sabiendo que cada golpe, cada placaje, cada bloqueo y cada anotación estaban dedicados a él o ella.

El entrenador Mac dio un paso más. Hizo arreglos para repartir sesenta balones de fútbol con el resultado final del partido escrito en ellos, de modo que cada jugador pudiera enviar un balón a la persona que había elegido. ¿El resultado? Los Colorado Buffaloes ganaron el partido. El marcador final escrito en los balones fue «veintisiete a doce».

3. ENFOCARTE EN LOS DEMÁS PUEDE DARTE UNA SENSACIÓN DE CONTENTAMIENTO

Me han dicho que la investigación psicológica muestra que las personas están mejor balanceadas y tienen más probabilidades de sentirse satisfechas si sirven a los demás. Servir a otros fomenta la salud y produce felicidad. Las personas han sabido eso de manera instintiva durante siglos, incluso antes de que la psicología se desarrollara formalmente como ciencia. Por ejemplo, veamos la sabiduría (y el humor) que se encuentra en este proverbio clásico:

> Si quieres una hora de felicidad, duerme una siesta.
> Si quieres un día de felicidad, ve a pescar.
> Si quieres un mes de felicidad, cásate.
> Si quieres un año de felicidad, hereda una fortuna.
> Si quieres toda una vida de felicidad, ayuda a los demás.

Si quieres toda una vida de felicidad, ayuda a los demás.

Puede parecer contradictorio, pero al enfocarte en los demás no solo los ayudas a ellos, sino que también *te ayudas a ti mismo*. Te sientes mejor contigo mismo y con lo que haces. Ayudas a las personas en las que te enfocas a sentirse mejor consigo mismas y a desempeñarse mejor. Aumentas tu influencia sobre ellas. Y haces del mundo un lugar mejor. ¿Quién no querría todo eso?

CREE LO MEJOR DE LOS DEMÁS

Errar es humano; perdonar no es política de la empresa.

—ANÓNIMO

Cualquiera puede ver las debilidades, errores y defectos en otras personas. Eso no requiere ninguna habilidad especial. Ver solo lo bueno en ellas es mucho más difícil, pero tiene muchísimos beneficios positivos. El miembro del Salón de la Fama del béisbol Reggie Jackson señaló el poder que tiene esa capacidad en el desarrollo y liderazgo de otros. Él observó: «Un gran entrenador tiene el don de hacer que los jugadores piensen que son mejores de lo que creen. Te obliga a tener una buena opinión de ti mismo. Te hace saber que cree en ti. Hace que saques más de ti mismo. Y, una vez que descubres cuán bueno eres realmente, nunca te conformas con rendir menos de lo mejor que puedes dar».[1]

Lo que Jackson describió se puede aplicar a cualquier área de la vida, no solo al béisbol. Funciona en los negocios, la crianza de los hijos, el matrimonio y el trabajo voluntario. Si quieres que las personas se sientan atraídas a ti, no busques errores, cicatrices ni manchas en los demás. Busca lo mejor de ellos.

He descubierto que cuando sospecho de los demás, eso me conduce a mostrar una mala conducta hacia ellos; y también hace que cualquier interacción con ellos empeore. En general, obtienes de los demás lo que esperas de ellos. Yo he decidido tomar el camino elevado, esperar lo mejor y, la mayoría de las veces, ser bendecido por ello.

Vi este ejemplo reflejado en mi mamá cuando yo era niño. Mamá conocía mi corazón y siempre evaluaba mi conducta a la luz de eso. Como cualquier otro niño, me llevé mis buenos regaños. Y los merecía. Pero mamá nunca parecía sacar conclusiones apresuradas conmigo. Nunca suponía lo peor. En cambio, siempre suponía lo mejor. Y eso es clave para cultivar esta cualidad.

CÓMO ESPERAR LO MEJOR

Creer lo mejor de los demás y mostrarles gracia y perdón es una cualidad muy valiosa que te hará atractivo para otras personas. Para cultivarla, haz lo siguiente:

BUSCA LO MEJOR DE LAS PERSONAS

Si quieres creer lo mejor de los demás, lo primero que necesitas hacer es revisar tu actitud. ¿Cómo ves a las personas? ¿Crees que, en el fondo, la gente desea ser buena, dar lo mejor de sí? Eso importa, porque si no crees lo mejor de los demás, nunca creerás que sus intenciones son buenas. Y si no crees en sus intenciones, comenzarás a hacer suposiciones negativas sobre ellos y a tratarlos mal.

En cambio, *busca* activamente lo mejor en ellos. Encuentra sus mejores cualidades. Sorpréndelos haciendo lo correcto y felicítalos por eso. Cuando supones lo mejor y lo buscas, se vuelve mucho más fácil mantener una actitud positiva hacia las personas.

MIRA LAS COSAS DESDE LA PERSPECTIVA DE LOS DEMÁS

Ver las cosas desde la perspectiva de otros requiere madurez. Mientras menos madura es una persona, más difícil le resulta ver las cosas desde el punto de vista de otro. Piensa en la historia bíblica de la mujer sorprendida en adulterio, donde Jesús desafió a los presentes que no tuvieran pecado a lanzar la primera piedra. Los *más ancianos* del grupo fueron los primeros en soltar sus piedras y marcharse.[2] ¿Por qué? Su madurez les daba una mejor perspectiva.

«Ya que solemos vernos a nosotros mismos principalmente a la luz de nuestras *intenciones*, que son invisibles para otros», dijo el filósofo J. G. Bennett, «mientras que vemos a los demás principalmente a la luz de sus *acciones*, que es lo único visible para nosotros, tenemos una situación en la que el malentendido y la injusticia son el orden del día».[3] Cuando supones que las intenciones de las personas son buenas, les muestras gracia, y eso te hace mucho más accesible y atractivo como persona.

CONCEDE A LAS PERSONAS EL BENEFICIO DE LA DUDA

Quizás cuando eras niño te enseñaron la regla de oro: «Haz a los demás lo que quisieras que te hicieran a ti». A menudo he descubierto que cuando mis intenciones eran buenas, pero mis acciones salían mal, quería que otros me vieran a la luz de la regla de oro. En otras palabras, quería que me concedieran el beneficio de la duda. ¿Por qué no mostrarles yo la misma cortesía?

Frank Clark comentó: «Qué grandes logros tendríamos en el mundo si todos hubieran hecho lo que pretendían hacer». Y aunque estoy de acuerdo en que eso es cierto, también añadiría: «Qué grandes relaciones tendríamos si todos fueran apreciados por lo que intentaron hacer, aunque el resultado no fuera el esperado». Cuando concedemos a alguien el beneficio de la duda, estamos siguiendo la regla interpersonal más efectiva que se haya escrito jamás.

ENFÓCATE EN LOS BUENOS DÍAS DE LAS PERSONAS, NO EN LOS MALOS

Todos tenemos días buenos y días malos. No sé tú, pero a mí me gustaría que me recordaran por mis días buenos. Y solo puedo pedir que me perdonen por los malos. El profesor del Seminario Teológico Fuller, David Augsburger, observó: «Ya que nada de lo que intentamos es perfecto [...] y nada de lo que logramos está libre de cierta medida de limitación y falibilidad que llamamos humanidad, lo que nos salva es el perdón».[4]

> **«Ya que nada de lo que intentamos es perfecto [...] y nada de lo que logramos está libre de cierta medida de limitación y falibilidad que llamamos humanidad, lo que nos salva es el perdón».**
>
> **—DAVID AUGSBURGER**

Si deseas creer lo mejor de los demás, entonces el perdón es esencial. Y en raras ocasiones es algo que se hace una sola vez. El líder del movimiento por los derechos civiles Martin Luther King Jr. tenía razón cuando dijo: «El perdón no es un acto ocasional; es una actitud permanente».[5]

Si no creciste en un hogar amoroso y lleno de apoyo como el mío, quizás te resulte difícil creer lo mejor de los demás porque tal vez nadie creyó lo mejor de ti. Pero, al final, conceder a los demás el beneficio de la duda y creer lo mejor de ellos es una decisión. Y he visto a muchas personas que crecieron con pocas ventajas superar su situación y convertirse en verdaderos triunfadores en todos los sentidos de la palabra. Eso da esperanza a todos. Y recuerda: el modo en que juzgas a los demás será el mismo que usarán para juzgarte a ti. Si crees lo mejor de los demás en cada una de tus relaciones, entonces es mucho más probable que ellos hagan lo mismo por ti.

3

AÑADE VALOR A LAS PERSONAS

No intentes convertirte en un hombre de éxito, sino mejor intenta convertirte en un hombre de valor.

—ALBERT EINSTEIN

El día que me gradué de la universidad, a solo unas semanas de ocupar mi primer puesto de liderazgo, hablé con mi papá y le pedí que me diera el mejor consejo posible para mi carrera profesional.

«Hijo», me respondió papá, «valora a las personas, cree en ellas y ámalas incondicionalmente. Haz esas tres cosas todos los días, y tendrás éxito». En ese momento no lo vi de esa manera, pero en realidad lo que él estaba haciendo era explicarme cómo desarrollar carisma con las personas.

> **«Valora a las personas, cree en ellas y ámalas incondicionalmente. Haz esas tres cosas todos los días, y tendrás éxito».**
>
> **—MELVIN MAXWELL**

Ese consejo marcó el rumbo de mi vida, no solo en lo profesional, sino también en lo personal. Ese día decidí que mi meta sería añadir valor a las personas, y es algo que he procurado hacer siempre durante los últimos cincuenta y cinco años.

TRES MANERAS DE AÑADIR VALOR

En lo más profundo de mi ser, creo que nada en esta vida es más importante que las personas, y que debemos hacer todo lo que esté en nuestras manos para añadirles valor. Si deseas convertirte en alguien que aporta valor, entonces ten en cuenta lo siguiente:

1. VALORA A LAS PERSONAS

Tu capacidad para añadir valor *a* las personas comienza con tu actitud *hacia* ellas. El experto en relaciones humanas Les Giblin observó: «No puedes hacer que el otro se sienta importante en tu presencia si en secreto piensas que no vale nada».[1] ¿No es cierto? ¿No te resulta difícil hacer algo amable por alguien que no te cae bien?

> **«No puedes hacer que el otro se sienta importante en tu presencia si en secreto piensas que no vale nada».**
>
> **—LES GIBLIN**

La manera en que vemos a las personas marca la diferencia entre manipularlas y motivarlas. Si no queremos ayudar a los demás, pero sí queremos que nos ayuden, nos metemos en problemas. Manipulamos a las personas cuando las movemos para nuestro *propio* beneficio personal; sin embargo, las motivamos cuando las movemos para un beneficio *mutuo*. Con frecuencia, añadir valor a otros es algo que hace que todos ganen.

¿Cómo ves tú a las personas? ¿Son receptores potenciales del valor que puedes aportarles o son obstáculos en el camino hacia tu éxito? El autor Sydney J. Harris dijo: «Las personas quieren que las aprecies, no que las impresiones. Quieren que se les trate como seres humanos, no como receptores de los egos ajenos. Quieren ser tratadas como un fin en sí mismas, no como un medio para la gratificación de la vanidad de otro».[2] Si quieres añadir valor a las personas, primero debes valorarlas.

> **«Las personas quieren que las aprecies, no que las impresiones».**
>
> **—SYDNEY J. HARRIS**

2. HAZTE TÚ MISMO MÁS VALIOSO

¿Alguna vez has escuchado la frase «No puedes dar lo que no tienes»? Hay personas con buen corazón y el deseo de dar, pero tienen muy poco que ofrecer. ¿Por qué? Porque no se han añadido valor a sí mismas. Hacerte tú mismo más valioso no es un acto totalmente egoísta. Cuando adquieres conocimiento, aprendes una nueva habilidad o ganas experiencia, no solo mejoras tú, sino que también amplías tu capacidad de añadir valor a los demás.

En 1974 me planteé el compromiso de buscar mi crecimiento personal. Sabía que eso me ayudaría a ser un mejor líder, así que comencé a leer libros, escuchar grabaciones, asistir a conferencias, y aprender de líderes más experimentados. En ese entonces no sabía que ese compromiso se convertiría en lo más importante que haría para ayudar a otros. Pero así ha sido. A medida que mejoro yo mismo, compruebo que soy más capaz de ayudar a mejorar a otros. Mientras más crezco, más puedo ayudar a otros a crecer. Lo mismo ocurrirá contigo. Si quieres añadir valor a las personas, primero debes hacerte más valioso tú mismo.

3. CONOCE LO QUE LAS PERSONAS VALORAN

¿Alguna vez te han hecho un regalo que no encajaba contigo o que no podías usar? Tal vez quien te lo dio estaba tan enfocado en sí mismo que te regaló algo que a *él* le habría gustado. O quizás no te conocía bien y falló en su intento. Aunque agradeciste el gesto, el regalo realmente no te sirvió.

Eso es lo que puede sentir una persona cuando intentamos añadirle valor sin conocerla o sin saber qué valora. Una vez que descubrimos qué es importante para alguien, con algo de esfuerzo podemos añadirle valor. Por eso yo presto atención y tomo nota de lo que valoran las personas que están en mi vida: familiares, amigos, colegas, empleados y líderes que me contratan como conferencista. Si tú haces lo mismo, no solo ayudarás más a las personas, sino que también aumentarás tu factor carismático.

Cuando añades valor a las personas, te ganas el derecho de hacer mucho más por ellas. Puedes levantarlas, ayudarlas a avanzar, integrarlas en algo más grande que ellas mismas, y contribuir a que se conviertan en quienes se supone que deberían ser. Y cuando eres el líder de alguien, tal vez seas la persona mejor posicionada para ayudarle a lograr todo eso.

Cuando añades valor a las personas, te ganas el derecho de hacer mucho más por ellas.

Para ser eficaz en añadir valor a otros, necesitas hacerlo con mucha intención. ¿Por qué lo digo? Porque los seres humanos somos egoístas por naturaleza. Yo lo soy. Ser alguien que añade valor requiere que cada día salga de mi zona de confort y piense en maneras concretas de añadir valor a los demás. Pero eso es lo que se necesita para convertirse en un líder más carismático al que otros quieren seguir.

ANIMA A LOS DEMÁS CADA VEZ QUE LOS VEAS

El que espera para hacer mucho bien de
una sola vez, nunca hará nada.

—SAMUEL JOHNSON

Cuando era niño y joven, aprendí muchas lecciones sobre la simpatía y el carisma observando a mi padre. Una de ellas se produjo por la manera en que animaba a todos los que conocía. Cuando era presidente de lo que hoy es la Universidad Cristiana de Ohio, a menudo caminaba con él por el campus. Se detenía constantemente a hablar con los estudiantes. Cuando me frustraba y me sentía tentado a quejarme, miraba los rostros de los estudiantes y me daba cuenta de que papá estaba depositando buenas palabras en su interior. En los primeros treinta segundos de una conversación, siempre se proponía decirles algo positivo y alentador. Al imitarlo y aprender esta habilidad, comencé a pensar en ella como la regla de los treinta segundos.

Ese tipo de trato hacia los demás hacía que mi padre resultara muy carismático para las personas. Por muchos años, una gran cantidad de sus antiguos estudiantes solían viajar desde todas partes de Estados Unidos para visitarlo en Florida. A él le sorprendía que hicieran todo ese esfuerzo para verlo, pero a mí no. Papá era un líder increíble. Todos lo amaban.

TODO EL MUNDO NECESITA ÁNIMO

Alguien me dijo una vez: «Sé amable, porque todos los que conoces están librando una dura batalla». Creo que es cierto. En todas partes, la gente necesita una buena palabra o un cumplido edificante que avive sus esperanzas y sueños. Requiere muy poco esfuerzo, pero realmente levanta el ánimo de las personas. Aquí te explico cómo hacerlo:

1. ANIMAR DEMUESTRA QUE TE IMPORTAN

Cada día, antes de reunirme con las personas, me detengo a pensar en algo alentador que pueda decirles. Lo que digo puede ser una de muchas cosas: podría agradecerles por algo que han hecho por mí o por un amigo. Podría hablar a otros de algún logro que hayan alcanzado. Podría elogiarlos por alguna cualidad personal que muestren. O simplemente podría hacerles un cumplido por su apariencia. No es una práctica complicada, pero sí requiere tiempo, esfuerzo y disciplina. La recompensa por hacer esto es enorme, porque realmente causa un impacto positivo en las personas. Cuando eres lo suficientemente considerado como para planear una muestra de amabilidad, ellos saben que realmente te importan.

2. ANIMAR A LOS DEMÁS LES BRINDA EL TRATO DE LAS TRES A

Todas las personas se sienten mejor y actúan mejor cuando reciben *atención, afirmación* y *aprecio.* La próxima vez que tengas contacto con alguien, comienza por darle toda tu atención desde el primer momento. Afírmalo y muéstrale tu aprecio de alguna manera. Luego observa qué sucede. Te sorprenderá el modo tan positivo en que esa persona responde. Y si tienes problemas para recordar mantener tu enfoque en ellos en lugar de en ti mismo, quizás las palabras de William King te ayuden. Él bromeó: «Un chismoso es quien te habla de otras personas. Un aburrido es quien te habla de sí mismo. Y un conversador brillante es quien te habla de ti mismo».

> **«Un chismoso es quien te habla de otras personas. Un aburrido es quien te habla de sí mismo. Y un conversador brillante es quien te habla de ti mismo».**
>
> **—WILLIAM KING**

3. ANIMAR DA ENERGÍA A LOS DEMÁS

El psicólogo Henry H. Goddard realizó un estudio sobre los niveles de energía en niños utilizando un instrumento que llamó «ergógrafo». Sus hallazgos son fascinantes. Descubrió que cuando a niños cansados se les daba una palabra de elogio o reconocimiento, el ergógrafo mostraba un aumento inmediato en su nivel de energía. Cuando los niños eran criticados o desalentados, el ergógrafo mostraba que su energía física caía repentinamente.[1]

Quizás tú ya lo hayas notado de manera intuitiva. Cuando alguien te elogia, ¿no sientes que sube tu nivel de energía? Y cuando alguien te critica, ¿no sientes que ese comentario te derrumba? Las palabras tienen un gran poder.

¿Qué tipo de ambiente crees que podrías crear si afirmaras constantemente a las personas cada vez que te cruzaras con ellas? No solo las animarías, sino que también te convertirías en un portador de energía. Cada vez que entraras en una habitación, las personas se animarían al verte. Ayudarías a crear el tipo de ambiente que todos quieren. Tu sola presencia alegraría el día de los demás. Eso es carisma.

4. ANIMAR AUMENTA LA MOTIVACIÓN DE LOS DEMÁS

Vince Lombardi, el famoso entrenador de fútbol americano de los Green Bay Packers, era un disciplinario temido; pero también era un gran motivador. Un día, reprendió con dureza a un jugador que había fallado en varias asignaciones de bloqueo. Después del entrenamiento, Lombardi entró furioso al vestuario y vio que el jugador estaba sentado en su casillero, cabizbajo y abatido. Lombardi le despeinó el cabello, le dio una palmada en el hombro y le dijo: «Uno de estos días serás el mejor guardia de la NFL».[2]

Ese jugador era Jerry Kramer, y Kramer dice que llevó esa imagen positiva de sí mismo durante toda su carrera. «El ánimo de Lombardi tuvo un impacto tremendo en toda mi vida»,[3] dijo Kramer. Luego fue incluido en el Salón de la Fama de los Green Bay Packers y en el Equipo de Todos los Tiempos del 50 Aniversario de la Liga Nacional de Fútbol Americano (NFL, por sus siglas en inglés).

Todos necesitan motivación de vez en cuando, y al recibirla, ese ánimo realmente les ayuda:

- La motivación ayuda a las personas que saben lo que deben hacer... ¡a hacerlo!
- La motivación ayuda a las personas que saben qué compromiso deben hacer... ¡a hacerlo!
- La motivación ayuda a las personas que saben qué hábito deben romper... ¡a romperlo!
- La motivación ayuda a las personas que saben qué camino deben tomar... ¡a tomarlo!

La motivación hace posible lograr lo que se desea lograr.

Una de mis citas favoritas sobre el ánimo se encuentra en una carta escrita por el padre fundador Benjamin Franklin al comandante naval revolucionario John Paul Jones. Él escribió:

> En lo sucesivo, si ves la ocasión de elogiar a tus oficiales y amigos un poco más de lo que merecen, y confiesas más faltas de las que realmente se te pueden atribuir, lograrás convertirte más pronto en un gran capitán. Criticar y censurar a casi todos los que te rodean reducirá tus amigos, aumentará tus enemigos y, por ende, perjudicará tus asuntos.[4]

En otras palabras, tratar negativamente a los demás *disminuye* tu nivel de carisma y debilita tu liderazgo, mientras que animar a los demás lo *eleva*. Por lo tanto, si quieres mejorar tus relaciones con los demás y crear un ambiente positivo para ti mismo y para tu equipo, anima a otros cada vez que te encuentres con ellos.

RECUERDA LOS NOMBRES DE LAS PERSONAS

Recuerda que el nombre de una persona es para esa persona el sonido más dulce e importante en cualquier idioma.

—DALE CARNEGIE

En 1937 se publicó el abuelo de todos los libros sobre habilidades interpersonales. Fue un éxito de la noche a la mañana y al final vendió más de treinta millones de ejemplares.[1] Ese libro fue *Cómo ganar amigos e influir sobre las personas*, de Dale Carnegie. Lo que lo hizo tan valioso fue la comprensión que Carnegie tenía de la naturaleza humana. El libro es un curso sobre el carisma.

Cuando yo era niño, mi papá me pagaba por leer libros en lugar de darme una asignación, y este fue uno de los libros por los que me pagó para que lo leyera. Me causó una gran impresión. Me encantaron las palabras sencillas y sabias de Carnegie. Algo que aprendí de Carnegie fue esto: recuerda y usa el nombre de una persona. Él escribió:

> Debemos ser conscientes de la *magia* que contiene un nombre y darnos cuenta de que este único elemento es completamente propiedad de la persona con la que tratamos [...] y de nadie más. El nombre

> distingue al individuo; lo hace único entre todos los demás. La información que estamos transmitiendo o la petición que estamos haciendo cobra una importancia especial cuando abordamos la situación con el nombre del individuo. Desde el camarero hasta el ejecutivo, el nombre obrará magia cuando tratemos con los demás.[2]

Desde la primera vez que leí esas palabras cuando estaba en la secundaria, me propuse aprender y recordar los nombres de las personas.

UN TOQUE PERSONAL SE NECESITA AHORA MÁS QUE NUNCA

Lo que era cierto en 1937 es todavía más aplicable en nuestro mundo acelerado. Las personas están hoy más aisladas e invisibles que nunca. Otros las identifican por un número de cuenta o un nombre de usuario y, como resultado, se sienten ignoradas y poco valoradas. Recordar el nombre de una persona y llamarla por él le comunica que te importa como individuo.

Hay demasiados líderes que no tratan a las personas como individuos. En cambio, abordan a su equipo como si fuera una sola entidad sin nombre, o peor aún, solo ven la función del equipo y lo tratan no como personas individuales, sino como si fuera una máquina o una herramienta para su propio propósito y avance. Aprender el nombre de alguien, recordarlo y usarlo, especialmente en una organización grande, demuestra que valoras a las personas y que te importan lo suficiente para hacer el esfuerzo de conocerlas.

Si quieres mejorar tus relaciones con las personas y aumentar tu carisma, recuerda sus nombres. Aquí tienes algunos consejos para ayudarte:

DECIDE VALORAR Y APRENDER LOS NOMBRES

Las personas valoran sus nombres y siempre lo han hecho. El dramaturgo William Shakespeare escribió:

> Buen nombre en hombre y mujer, mi buen señor,
> es la joya inmediata de sus almas:
> quien me roba la bolsa, roba basura;
> es algo, nada;
> fue mía, ahora es suya,
> y ha sido esclava de miles.

Pero quien me roba mi buen nombre
me roba aquello que no lo enriquece
y a mí me empobrece en verdad.[3]

Piensa en cuánto valoras tu propio nombre. ¿Cómo te sientes cuando alguien te llama por un nombre equivocado? ¿Y cómo te sientes cuando amablemente corriges a esa persona, pasas tiempo con ella, y aun así sigue equivocándose con tu nombre? Sin embargo, ¿cómo te sientes cuando personas que no has visto en mucho tiempo todavía recuerdan tu nombre? ¿No te hace sentir bien? (¿Y acaso no te impresiona también?) Cuando las personas se preocupan por conocer tu nombre, te hacen sentir valorado.

La mayoría de las personas no recuerda por naturaleza los nombres de todos. Se necesita intencionalidad. Decide hacer el esfuerzo.

«Buen nombre en hombre y mujer [...] es la joya inmediata de sus almas».

—WILLIAM SHAKESPEARE

USA EL MÉTODO «SAVE» PARA RECORDAR NOMBRES

Mi amigo Jerry Lucas, una leyenda del básquet de Ohio State y miembro del Salón de la Fama de la NBA, era conocido como «Dr. Memoria». Pasó los años posteriores a su exitosa carrera en la NBA ayudando a niños y adultos a mejorar su memoria mediante una variedad de técnicas innovadoras. Una de las cosas que enseñaba se llama el Método SAVE (por sus siglas en inglés). Así es como funciona:

S — *Say* (decir): Di el nombre tres veces en la conversación.

A — *Ask* (preguntar): Haz una pregunta sobre el nombre (por ejemplo, cómo se escribe) o sobre la persona.

V — *Visualize* (visualizar): Visualiza el rasgo físico o de personalidad más destacado de la persona.

E — *End* (terminar): Termina la conversación usando el nombre.[4]

He usado técnicas similares para recordar nombres y realmente funcionan. Hace años, Jerry demostró su habilidad para recordar nombres usando esta técnica en el antiguo programa *Tonight Show* presentado por Johnny Carson. Antes del programa, Jerry conoció a cada persona que estaría en la audiencia esa noche y memorizó todos sus nombres. Durante el programa, fue capaz de recordar cada nombre. Prueba el método SAVE y comprueba si te funciona.

CUANDO NO PUEDAS RECORDAR UN NOMBRE FÁCILMENTE...

Casi todos tenemos dificultades para recordar nombres en algunas ocasiones. Cuando esto suceda, trata de recordar la situación en la que conociste a la persona o la última vez que la viste. Si ni siquiera puedes recordar eso, entonces pregunta: «¿Cuánto tiempo ha pasado?». Quizás eso te ayude a hacer memoria.

Si estás conociendo a personas junto con un amigo o colega, a veces pueden ayudarse mutuamente. Presenta a la persona cuyo nombre sí recuerdas a la persona cuyo nombre no recuerdas, y tal vez esta última diga su nombre. O puedes acordar de antemano con tu amigo que se ayudarán mutuamente. Mi esposa y yo hacemos eso. En las presentaciones, Margaret sabe que si no presento a alguien por su nombre es porque no estoy seguro de recordarlo bien. Y ella rápidamente se presenta y obtiene el nombre de la otra persona a cambio.

Cuando todo lo demás falla, simplemente di: «Lo siento mucho; te recuerdo, pero me temo que tu nombre se me olvidó». Luego, después de que la persona te lo recuerde, usa el método SAVE para que sea menos probable que lo olvides otra vez en el futuro.

SÉ BENEVOLENTE CONTIGO MISMO SI LO OLVIDAS

Si trabajas en ello, *mejorarás* recordando los nombres de las personas, pero no seas demasiado duro contigo mismo cuando falles. Eso fue lo que yo hice recientemente al conocer a una pareja cuyo apellido era Lake. Una de las cosas que hago al aprender un nombre es vincularlo a una imagen mental. Cuando me presentaron a los Lake, de inmediato puse una imagen mental de un lago sobre sus cabezas y pensé en Hargus Lake, donde crecí. Unos días después, cuando los volví a ver, por error les pregunté: «¿Cómo están esta noche, Sr. y Sra. Hargus?». ¡A veces incluso nuestras mejores prácticas fallan!

Si haces el esfuerzo de recordar nombres y tienes éxito, aunque sea solo parte del tiempo, las personas cuyos nombres recuerdes te lo agradecerán, e incluso aquellas cuyos nombres no puedas recordar percibirán que te importan y que deseas conocerlas mejor. Tu actitud brillará, y serás más atractivo para los demás.

APRENDE QUÉ ES IMPORTANTE PARA LAS PERSONAS

Los entrenadores que pueden dibujar jugadas en una pizarra abundan. Los que realmente tienen éxito son aquellos que logran meterse en sus jugadores y motivarlos.

—VINCE LOMBARDI

En la década de 1980 tuve el privilegio, junto con unos treinta líderes más, de pasar dos días con el padre de la administración moderna: Peter Drucker. Una de las cosas que él dijo fue: «Liderar personas es como dirigir una orquesta. Hay muchos músicos e instrumentos diferentes que el director debe conocer a fondo». Drucker nos desafió a conocer *realmente* a los miembros clave de nuestro equipo. Tomé eso muy en serio y me volví muy intencional en aprender quiénes eran las personas y qué era lo que realmente les importaba.

LO QUE ES IMPORTANTE PARA TI ES IMPORTANTE PARA MÍ

Cuando te tomas el tiempo para saber lo que es importante para otros y haces que eso sea importante para ti, estás comunicando cuánto te importan y tu deseo de desarrollar una buena relación con ellos; y eso te hace valorarlos más y aceptarlos más fácilmente como son. A medida que me he esforzado por conocer mejor a las personas durante los últimos cuarenta años, hay algunas cosas que he aprendido en el camino:

ACEPTA EL HECHO DE QUE LAS PERSONAS SON DIFERENTES

He escrito en libros anteriores que cuando yo era joven, solía creer que todos deberían ser como yo para tener más éxito. He madurado bastante desde entonces. El libro *Enriquezca su personalidad*, de Florence Littauer, me abrió los ojos y me ayudó mucho.[1] He experimentado un crecimiento aún mayor al viajar y conocer a muchos tipos de personas. Ahora reconozco las grandes brechas que hay en mis habilidades y capacidades. Valoro a las personas que tienen diferentes talentos y temperamentos. Entiendo que las personas han tenido experiencias de vida muy diferentes a las mías, y que muchas no han tenido los beneficios que yo tengo. Todo eso me ha hecho mucho más abierto de mente y agradecido por las diferencias.

A medida que te propongas aprender lo que es importante para otros, quiero advertirte que no los juzgues. En cambio, valóralos, acéptalos incondicionalmente y aprecia sus diferencias. Cada persona es importante y tiene valor. Y lo que a ellos les importa, importa.

HAZ PREGUNTAS PARA CONOCER A LAS PERSONAS

Puede parecer algo fundamental, pero hacer una buena pregunta es esencial para descubrir qué mueve a las personas y qué es lo que más les importa. A lo largo de los años he desarrollado una lista de preguntas que me han ayudado una y otra vez en este esfuerzo. Tal vez quieras usarlas tú también:

- **«¿Con qué sueñas?».** Puedes conocer la mente de una persona al ver lo que ya ha logrado, pero para entender su corazón, observa en qué sueña convertirse.
- **«¿Qué te hace llorar?».** Cuando entiendes el dolor de alguien, inevitablemente entiendes su corazón.
- **«¿Qué te hace cantar?».** Lo que les da alegría a las personas suele ser una fuente de su fortaleza.
- **«¿Cuáles son tus valores?».** Cuando alguien te da acceso a sus valores, has entrado en las cámaras más sagradas de su corazón.
- **«¿Cuáles son tus fortalezas?».** Aquello que una persona percibe como su fortaleza, llena de orgullo su corazón.
- **«¿Cuál es tu temperamento?».** Si lo conoces, a menudo descubrirás el camino hacia su corazón.

Obviamente, no debe parecer que tus preguntas son una especie de entrevista, y no necesitas obtener todas las respuestas en una sola conversación. El proceso puede ser natural a la vez que intencional. Sé curioso. Haz preguntas. Escucha y aprende.

ESTABLECE UN TERRENO COMÚN

Nuestra palabra en español *comunicación* viene del latín *communis*, que significa «común». Los líderes eficaces, los buenos comunicadores y las personas carismáticas siempre encuentran algo en común con las personas a las que se dirigen. Esto los hace más carismáticos. Es en el terreno común donde conectan con otros. Si has hecho preguntas y has escuchado, entonces habrás descubierto ese terreno común.

A veces en las reuniones las agendas ocultas pueden hacer que la comunicación sea ineficaz, porque dificultan que las personas se encuentren en un punto común. Cuando eso ocurra, intenta sugerir que todas las partes acepten una regla sencilla: cuando una persona no esté de acuerdo con otra, antes de poder presentar su propio punto, debe entender y ser capaz de expresar claramente el punto de vista de su oponente. Te sorprendería cuán rápidamente esta práctica coloca a las personas en un terreno común.

RECONOCE QUE, CON EL TIEMPO, LAS PERSONAS CAMBIAN

Es un gran paso para algunas personas conectar con los sueños y deseos de otros y descubrir lo que más les importa. Pero no basta con hacerlo una sola vez y suponer que eso no cambiará. El tiempo lo cambia todo, incluido el corazón humano. Piensa en conocer a las personas como un diálogo continuo que se produce a lo largo de toda la relación.

Fred Bucy, expresidente de Texas Instruments, observó: «Es mucho más fácil suponer que lo que funcionó ayer funcionará hoy, y eso simplemente no es verdad».[2] Lo que es efectivo para inspirar y motivar a las personas en un momento de sus carreras no necesariamente será efectivo más adelante. Lo que toca el corazón de las personas en una etapa de la vida suele cambiar a medida que envejecen. Los éxitos y fracasos, tragedias y triunfos, metas alcanzadas y sueños abandonados afectan los valores y deseos de una persona.

«Es mucho más fácil suponer que lo que funcionó ayer funcionará hoy, y eso simplemente no es verdad».

—FRED BUCY

¿Cómo puedes seguir aprendiendo?

Mantente en conversación continua con las personas

Sigue conectando a nivel del corazón. Pregunta qué ha tocado sus corazones hasta ahora; si sus respuestas son diferentes, entonces sabes que están cambiando y tienes una nueva oportunidad de saber qué es lo que les importa ahora.

Busca «indicadores de cambio»

Hay ciertos momentos en las vidas de las personas en los que es más probable que cambien:

Cuando *sufren* lo suficiente para *tener que* cambiar
Cuando *aprenden* lo suficiente para *querer* cambiar, y
Cuando *reciben* lo suficiente para *poder* cambiar.

Sintoniza con estos indicadores de cambio, y ellos te llevarán a reconocer que la manera en que has conectado con alguien y lo has ayudado en el pasado está por cambiar y, en consecuencia, necesitas hacer ajustes.

Debo mencionar una cosa más sobre este proceso de aprender lo que les importa a las personas. Si bien te hará más agradable y carismático para los demás, siempre debes mantener tus motivos puros: saber acerca de ellos para su beneficio, no para el tuyo. Conocer lo que le importa a una persona, poseer lo que yo llamo «la llave de su corazón», es una gran responsabilidad. Eso los hace vulnerables. Solo debes «girar esa llave» para agregar valor a su vida, nunca para manipularlos o servirte a ti mismo. Si honras eso, seguirás siendo digno de confianza, y esa es una de las cualidades más atractivas de todas.

ESCUCHA CON UN CORAZÓN ABIERTO

Lo más importante en la comunicación
es escuchar lo que no se dice.

—PETER DRUCKER

Tengo que confesar algo. Aunque siempre he sido una persona sociable y muestro lo que los investigadores de Gallup llaman «WOO», no siempre he sido un buen oyente. De hecho, al principio de mi carrera era terrible. El problema radicaba en que creía saberlo todo. La única razón por la que dejaba que la gente hablara era porque sabía que pronto sería mi turno. Y creía que si hablaba lo suficiente, podía convencer a cualquiera de cualquier cosa.

Mi llamada de atención se produjo cuando una de mis empleadas tuvo el valor de confrontarme y decirme lo mal oyente que yo era. Aunque me dolió mucho, me di cuenta de que me estaba diciendo la verdad. No escuchaba a la gente en el trabajo. Y en mi matrimonio no resultaba *mucho* mejor. *Deseaba* de verdad escuchar a Margaret por el amor que le tengo; sin embargo, eso no me impedía ser el señor Hombre Respuesta. Solía ganar discusiones, pero pasaba por encima de sus emociones. Cuando finalmente entendí cuánto estaba hiriendo sus sentimientos, comencé a escuchar más, no solo sus palabras, sino también los sentimientos detrás de sus palabras. Aprendí a escuchar con el corazón abierto. Y nuestra relación mejoró.

ABRE TUS OÍDOS *Y* TU CORAZÓN

El presidente Woodrow Wilson dijo: «El oído del líder debe repicar con las voces del pueblo».[1] Todos los buenos líderes que he conocido eran buenos oyentes. Y todos los grandes líderes escuchaban no solo con los oídos, sino también con el corazón.

Si tú eres un mal oyente, como yo lo fui alguna vez, quiero ayudarte a mejorar. Si ya eres un buen oyente, estás en camino de convertirte en un líder mejor y más carismático. Lo único que necesitas es involucrar el corazón para desarrollar mayor empatía y comprensión, de modo que también puedas escuchar «entre líneas» y captar señales acerca de cómo se sienten los demás. En cualquier caso, aquí tienes cuatro consejos para ayudarte a mejorar:

1. ENFÓCATE EN LA OTRA PERSONA

Herb Cohen, a quien a menudo llaman «el mejor negociador del mundo», dijo: «Escuchar de manera efectiva exige algo más que oír las palabras transmitidas. Exige que encuentres sentido y comprensión en lo que se dice. Después de todo, los significados no están en las palabras, sino en las personas».[2] Mucha gente centra su atención en las ideas que se están comunicando y casi parece olvidarse de la persona. No puedes hacer eso si quieres escuchar con el corazón. Debes mantener a la persona en el centro de tu atención, por encima de todo.

Yo soy muy impaciente por naturaleza, así que debo luchar constantemente contra la tendencia de poner primero mi propia agenda. Creo que eso suele ser el caso con los malos oyentes. Durante muchos años, escribía una *L* en la esquina de mi libreta cada vez que conversaba con alguien para recordarme a mí mismo que debía escuchar (*listen*) de verdad. Si eres impaciente, reduce la velocidad y pon a la persona en primer lugar. Enfócate en el individuo, no solo en las ideas que expresa.

> **«Los significados no están en las palabras, sino en las personas».**
>
> —HERB COHEN

2. ABRE TU MENTE Y TU CORAZÓN

Incluso después de comenzar a enfocarte en la persona con quien conversas, puedes encontrarte con muchas barreras que impidan una escucha efectiva. Abre tu mente y tu corazón eliminando algunas de las cosas que te impiden escuchar bien:

- **Distracciones.** Las llamadas telefónicas, la televisión, la computadora y cosas parecidas pueden hacer que escuchar bien sea casi imposible.
- **Estar a la defensiva.** Si consideras las quejas o críticas como un ataque personal, puedes ponerte a la defensiva. Y si comienzas a protegerte, poco te importará lo que los demás digan, piensen o sientan.
- **Cerrarte mentalmente.** Cuando crees que ya tienes todas las respuestas, dejas de escuchar. Y cuando cierras la mente, también cierras los oídos.
- **Proyección.** Atribuir automáticamente tus propios pensamientos y sentimientos a otros te impide percibir cómo se sienten ellos.
- **Suposiciones.** Cuando llegas a conclusiones rápidamente, eliminas cualquier incentivo para escuchar.
- **Orgullo.** Pensar que tienes poco que aprender de otra persona es, quizás, la más letal de las distracciones para escuchar. Estar lleno de ti mismo deja poco espacio para recibir algo de los demás.

Obviamente, tu objetivo debe ser eliminar estas barreras para lograr una buena comunicación. Siempre que sea posible, ubícate en un ambiente físico adecuado para escuchar, lejos del ruido y las distracciones. Y colócate en un buen entorno *mental* para escuchar, dejando a un lado tus defensas e ideas preconcebidas para estar *abierto* a la comunicación.

3. ESCUCHA DE MODO PROACTIVO

Hay una diferencia entre escuchar pasivamente y escuchar de modo proactivo. Para escuchar con el corazón, tu forma de escuchar debe ser activa. En su libro *It's Your Ship* [Es tu barco], el capitán Michael Abrashoff explicó que la gente suele estar más dispuesta a hablar agresivamente que a escuchar agresivamente. Cuando decidió convertirse en un oyente intencional, eso marcó una gran diferencia en él y su tripulación. Él escribió lo siguiente:

> No tardé mucho tiempo en darme cuenta de que mi joven tripulación era inteligente, talentosa y llena de buenas ideas que con frecuencia no llegaban a nada porque nadie a cargo las había escuchado. Como la mayoría de las organizaciones, la Marina parecía poner a los gerentes en modo transmisor, lo

cual minimizaba su capacidad de recibir. Estaban condicionados a emitir órdenes desde arriba, no a acoger sugerencias desde abajo.

Decidí que mi trabajo era escuchar agresivamente y captar cada buena idea que la tripulación tuviera para mejorar la operación del barco. Algunos tradicionalistas podrían considerar esto una herejía, pero en realidad es puro sentido común. Después de todo, las personas que hacen el trabajo mecánico en un barco ven constantemente cosas que los oficiales no ven. Me pareció prudente que el capitán se esforzara por ver el barco a través de los ojos de la tripulación. Algo cambió en mí como resultado de esas entrevistas. Comencé a respetar enormemente a mi tripulación. Ya no eran cuerpos sin nombre a los que daba órdenes. Me di cuenta de que ellos tenían esperanzas, sueños, seres queridos, y querían creer que lo que estaban haciendo era importante. Y querían ser tratados con respeto.[3]

A medida que cambió la actitud de Abrashoff, su tripulación se transformó, su barco dio un giro, y los resultados fueron sorprendentes. Para convertirte en un mejor oyente, haz que tu modo de escuchar sea *activo*.

4. ESCUCHA PARA ENTENDER

La causa fundamental de casi todos los problemas de comunicación es que las personas no escuchan para entender; escuchan para responder. David Burns, médico y profesor de psiquiatría en la Universidad de Pensilvania, dijo: «El mayor error que puedes cometer al tratar de hablar de forma convincente es dar máxima prioridad a expresar tus ideas y sentimientos. Lo que la mayoría de la gente realmente quiere es ser escuchada, respetada y comprendida».[4] Si deseas conectar con las personas y escuchar con el corazón abierto, deja de enfocarte en lo que piensas y en la respuesta que podrías dar para tener la razón. Escucha para entender.

Hay una diferencia entre escuchar pasivamente y escuchar de modo proactivo. Para escuchar con el corazón, tu forma de escuchar debe ser activa.

Una de las ironías de convertirse en un buen oyente es que escuchar a los demás y hacer que se sientan comprendidos también tiene un beneficio adicional. Según Burns: «En el momento en que las personas ven que están siendo comprendidas, se sienten más motivadas a entender tu punto de vista».[5] Escuchar con el corazón produce una situación en la que todos ganan en las relaciones.

Demasiadas veces asociamos el carisma con acciones audaces y habilidades que mostramos: hablar bien en público, desempeñar nuestro trabajo con soltura, hacer algo heroico. Aunque esas cosas pueden hacernos destacar, una de las mejores maneras de conectar con las personas y generar empatía con ellas es quedarte en silencio, prestar atención y escuchar con todo tu ser. Pruébalo y observa la respuesta que recibes de las personas.

> **«Lo que la mayoría de la gente realmente quiere es ser escuchada, respetada y comprendida».**
>
> **—DAVID BURNS**

8

CONOCE LA HISTORIA DE CADA PERSONA

Muchos preferirían que escucharas su historia antes que concederles lo que piden.

—PHILLIP STANHOPE, CONDE DE CHESTERFIELD

Una de las mejores maneras de conectar con las personas es conocer su historia. Siempre que paso suficiente tiempo con alguien, le pido que me hable de sí mismo y me cuente su historia. Es una excelente manera de conocer su recorrido en la vida, así como sus intereses, esperanzas, sueños, decepciones y desafíos. No solo eso, sino que también me enfoco completamente en esa persona, lo que le da protagonismo y la hace sentir importante, a la vez que le demuestra que me importa. Incluso en las raras ocasiones en las que te encuentras con alguien que *no* quiere contar su historia, igual aprendes mucho sobre él o ella. Es una señal de que debes proceder con más cautela y quizás necesites trabajar para ganarte mayor confianza antes de intentar guiarle.

PARA APRECIAR LA HISTORIA DE ALGUIEN, SIGUE TRES SENCILLOS PASOS

Aquí tienes buenas noticias sobre esta habilidad para conectar: cualquiera puede hacerlo. No necesitas experiencia.

No necesitas ser un buen comunicador. No necesitas ser extrovertido. (De hecho, esta es una de las habilidades de conexión más útiles que los introvertidos pueden emplear). Solo tienes que hacer tres cosas:

1. PREGUNTA CON INTERÉS GENUINO

Cuando conozcas a alguien, después de las presentaciones y los saludos iniciales, no dudes en preguntarle sobre su historia. Puedes hacerlo de muchas maneras: puedes ser directo y preguntar: «¿Cuál es tu historia?». Puedes pedirle a la persona que te hable de sí misma. Puedes preguntar de dónde es o cómo llegó a trabajar en su campo. Usa tu propio estilo.

Si nunca has intentado algo así y te preocupa que pueda ser incómodo las primeras veces, entonces practica con personas que probablemente no volverás a ver: el conductor de un taxi, un pasajero en un avión o un camarero en un restaurante. Una vez que te sientas cómodo haciendo preguntas a completos desconocidos, el resto será fácil.

Y no dudes en preguntar de nuevo a personas que ya conoces y de quienes ya sabes parte de su historia. Cada vez que alguien ofrece un nuevo detalle sobre sí mismo o expresa una opinión fuerte, haz preguntas de seguimiento:

- «Nunca te había oído mencionar eso. ¿Qué ocurrió?».
- «Vaya, eso es muy interesante. Apuesto a que hay una historia detrás».
- «No sabía eso. ¿Puedes contarme más?».
- «¿Por qué sientes ese tema con tanta intensidad?».

Cada vez que haces esto, estás abriendo puertas y desarrollando una relación más profunda, lo cual crea una conexión mayor.

2. ESCUCHA ACTIVAMENTE

Ya te dije que no siempre he sido un buen oyente. Tuve que trabajar no solo en quedarme callado, sino también en enfocar mi atención en los demás para escuchar activamente. Hace años encontré una lista de sugerencias para escuchar bien. (Creo que la recorté de *Bits and Pieces*). Estas son algunas de las recomendaciones que ofrecía:

- **Mira a los ojos a la persona que habla.** Esto comunica que te importa.
- **Mantente atento.** No mires el teléfono ni te distraigas.
- **Sé respetuoso.** Si escuchas algo con lo que no estás de acuerdo, no levantes tus cejas ni hagas muecas.

- **No interrumpas.** Si sientes la necesidad de decir algo, di frases como «Sigue» o «Ya veo».
- **Repite lo que escuchaste.** Hazle saber a la persona que entendiste diciendo: «Esto es lo que creo haber oído. ¿Lo entendí bien?».

La idea principal es enfocarte realmente en la otra persona. El problema de muchos es que, mientras el otro habla, están pensando más en lo que quieren decir cuando les toque que en enfocarse en escuchar y entender. Cuando les brindas a las personas toda tu atención, entonces estás en una mejor posición para dar el siguiente paso.

3. RECUERDA SU HISTORIA

Algunas personas tienen facilidad para los números y otras para los nombres o los rostros; pero casi todos tienen la capacidad de recordar una historia. ¿Por qué? Las historias son la forma en que damos sentido al mundo. Han sido recitadas y cantadas de memoria durante miles de años. Incluso historias largas como *La Ilíada* y *La Odisea,* que se cree que fueron creadas hace casi tres mil años, se cantaron durante tres siglos antes de ser escritas. Las historias se nos quedan grabadas. Incluso los niños pequeños aman y recuerdan las historias, aunque no siempre puedan *contarlas* de manera coherente.

Todo el proceso de conectar con alguien a través de su historia puede hacer mucho para comunicarle tus sentimientos positivos y generar mayor empatía. Así es como funciona:

- **Pedirle** a alguien su historia dice: «Podrías ser especial».
- **Recordar** la historia de alguien dice: «Eres especial».
- **Recordarle** su historia a alguien dice: «Eres especial para mí».
- **Repetir** la historia de alguien a otros dice: «Deberías ser especial para ellos».

Si nos importan las personas, si realmente las escuchamos y tratamos de recordar sus historias, podemos conocer quiénes son, y estaremos en una mejor posición para ayudarlas, guiarlas y marcar un impacto positivo en sus vidas.

EXPRESA LO MUCHO QUE VALORAS A ALGUIEN

Reprende a tus amigos en secreto y alábalos públicamente.

—PUBLILIUS SYRUS

La manera fundamental, clara y sencilla de crear una conexión con las personas es expresar cuánto las valoras. Un cumplido sincero le hace saber a alguien cuánto lo valoras. Eso tiene un gran impacto cuando se hace en privado. Ese impacto se multiplica por diez cuando lo haces frente a otros. Un cumplido hecho en presencia de sus colegas le dice al equipo cuán valiosa es esa persona. Un cumplido hecho en presencia de su jefe expresa cuán valiosa es esa persona para la organización. Y un cumplido dirigido a alguien en presencia de sus seres queridos tiene el mayor valor de todos, porque demuestra que quien es importante para ellos también es importante para ti. Un cumplido en privado que se vuelve público aumenta de manera instantánea y drástica su valor.

Un cumplido dirigido a alguien en presencia de sus seres queridos tiene el mayor valor de todos, porque demuestra que quien es importante para ellos también es importante para ti.

EL VALOR DE VALORAR A LOS DEMÁS

Para desarrollar afinidad con las personas y hacerles saber cuánto te importan, valóralas con tus palabras. Aquí tienes algunas razones por las que deberías hacerlo:

LOS CUMPLIDOS HACEN QUE LAS PERSONAS SE SIENTAN VALIOSAS

«Todos llevamos un letrero invisible colgado del cuello», comentaba Mary Kay Ash, fundadora de Mary Kay Cosmetics. «Dice: "¡Hazme sentir importante!"». Mary Kay inculcó este principio a su equipo de ventas. Les repetía una y otra vez: «Nunca olviden este mensaje cuando trabajen con personas». Ella sabía que los cumplidos y la afirmación eran fundamentales para tener éxito con los demás.

Y, por cierto, esa es una de las razones por las que tuvo tanto éxito. Con los ahorros de toda su vida, que eran cinco mil dólares, y la ayuda de su hijo de veinte años, lanzó Mary Kay Cosmetics en 1963. En la actualidad, millones de consultoras de belleza independientes venden los productos de la empresa en casi cuarenta países alrededor del mundo.[1] Mary Kay Cosmetics es una de las organizaciones de venta directa más respetadas en Estados Unidos y en todo el mundo.

Mary Kay, como todos los que tienen éxito con las personas, sabía que la gente quiere sentirse valiosa. Y cuando mantienes esto presente todo el tiempo, no puedes evitar hacer cumplidos con libertad.

LOS CUMPLIDOS AUMENTAN DE VALOR CUANDO VALORAMOS A QUIEN LOS HACE

Willard Scott, el fallecido meteorólogo del programa *Today Show* de la NBC, recordaba sus días en la radio, cuando recibió su carta favorita de un admirador:

> Estimado Sr. Scott, creo que usted es el mejor disc-jockey de Washington. Pone la mejor música y tiene la voz más agradable de todas en la radio. Por favor, disculpe la crayola de color; no nos permiten tener nada puntiagudo aquí.[2]

No todos los cumplidos se crean igual. Quién hace el cumplido tiene mucho que ver con cuánto lo valoramos.

Como comandante de un buque de guerra de mil millones de dólares y una tripulación de trescientas diez personas, Mike Abrashoff usó un liderazgo desde la base para aumentar la tasa de retención del 28 % al 100 %, reducir los gastos operativos y mejorar la preparación. ¿Cómo lo logró? Entre otras cosas, dio suma importancia a los cumplidos públicos.

«El comandante de un barco tiene autorización para entregar quince medallas al año», escribió. «Yo quise pecar por exceso, así que repartí ciento quince». Casi cada vez que un marinero dejaba su barco para otra asignación, el capitán Abrashoff le daba una medalla. «Aunque no hubieran sido los mejores, recibían medallas en una ceremonia pública, siempre y cuando hubieran dado lo mejor de sí cada día. Yo daba un breve discurso describiendo cuánto valorábamos su amistad, compañerismo y arduo trabajo [...] A veces los compañeros del marinero que partía contaban historias divertidas, recordando sus defectos, desafíos y logros». Pero lo esencial era que Abrashoff quería hacer que se sintieran bien al elogiarlos frente a otros.

«No hay absolutamente ningún aspecto negativo en este gesto simbólico», dijo Abrashoff, «siempre y cuando se haga con sinceridad y sin exageración». El capitán D. Michael Abrashoff sabía cómo hacer que sus marineros se sintieran valiosos y apreciados. No es de extrañar que su tripulación lo quisiera tanto.[3]

LOS CUMPLIDOS AFIRMAN A LAS PERSONAS Y LAS FORTALECEN

Afirmar es fortalecer. Una afirmación es una declaración de verdad que fortaleces en el corazón de una persona cuando la pronuncias. Como resultado, cultiva convicción. Por ejemplo, cuando elogias la actitud de una persona, la refuerzas y haces que sea más constante. Como la observas de manera positiva, es más probable que esa persona demuestre esa misma actitud de nuevo.

> «El ánimo es oxígeno para el alma».
>
> —GEORGE MATTHEW ADAMS

Del mismo modo, cuando afirmas los sueños de alguien, ayudas a que sus sueños sean más reales que sus dudas. Como en una rutina de levantamiento de pesas, los cumplidos frecuentes desarrollan las cualidades de las personas y fortalecen sus personalidades.

«Hay momentos destacados en las vidas de todos nosotros», escribió George Matthew Adams, «y la mayoría han sucedido gracias al ánimo de otra persona. No me importa cuán grande, famoso o exitoso sea un hombre o una mujer, todos desean un aplauso. El ánimo es oxígeno para el alma. Nunca se puede esperar un buen trabajo de un trabajador sin estímulo. Nadie puede haber vivido sin él».

LOS CUMPLIDOS EN PÚBLICO SON LOS MÁS EFECTIVOS QUE PUEDES HACER

Cada vez que tengas la oportunidad de elogiar a alguien públicamente, no la dejes pasar. Puedes hacerlo en el momento, pero también puedes tener un gran impacto si lo haces de modo intencional y planeas decirles a otros cuánto valoras a alguien de tu equipo. Yo intento hacer esto todo el tiempo porque sé cuánto puede levantar el ánimo de una persona; sin embargo, a veces me sorprende el impacto que puede tener.

Hace treinta años, Charlie Wetzel vino a trabajar conmigo como mi compañero de escritura. Pronto descubrí que era un buen escritor, un gran trabajador, y tenía iniciativa. Unos meses después de contratarlo, estaba dando una lección a mi equipo para mi club de cintas (similar a un pódcast con quince mil oyentes hoy) sobre las características de los líderes, titulada «Buscando águilas». Decidí hablar a mi audiencia acerca de esa joven águila. No tenía idea de cuánto significaría para Charlie. Él me dijo después:

> Cuando terminaste la lección, no tenía idea de que dirías algo sobre mí. Dijiste tantas cosas amables y elogiosas sobre mí que me hicieron llorar.

> En ese momento de mi vida estaba hambriento de validación, y pocas veces había recibido apoyo de esa manera. Fue abrumador. Antes de ese suceso, nunca me había considerado un «águila». Incluso hoy en día, me emociono cuando pienso en ello.[4]

Desde que trabajamos juntos, Charlie me ha ayudado a escribir cuarenta y dos libros. Además, ha trabajado en la creación de más de setenta libros complementarios para mí. Ha sido una amistad y una sociedad altamente productiva y gratificante. Y Charlie sabe cuánto lo valoro porque se lo digo.

Si quieres mostrarle a alguien en tu vida cuánto lo valoras, ya sea un empleado, un colega, un cliente, tu cónyuge, tu hijo, otro miembro de la familia, un amigo o un vecino, entonces elógialo con sinceridad. Hazlo cada vez que puedas, y si es posible, hazlo delante de otros. Pocas cosas pueden romper el hielo más rápido en una relación nueva o fortalecer una relación ya existente mejor que expresar cuánto valoras a alguien.

PARTE 2

INVERTIR EN LAS PERSONAS

SÉ RÁPIDO PARA AYUDAR A LOS DEMÁS

Después del verbo «amar», «ayudar» es el verbo más hermoso del mundo.

—BERTHA VON SUTTNER

Mi amigo Zig Ziglar dijo: «Puedes conseguir todo lo que quieras en la vida si simplemente ayudas a suficientes personas a conseguir lo que ellas quieren».[1] Zig era, sin duda alguna, una prueba viviente de eso. Ayudó a muchísimas personas, y como resultado tuvo éxito.

Me gusta ayudar a la gente. Creo que es una de las razones por las que Dios nos puso aquí en la Tierra. Pero ayudar a otros hace algo más que beneficiarlos a ellos. También te ayuda a ganártelos. Digo eso porque cada vez que eres rápido para ayudar a otros, estás enviando un mensaje. *Tú eres importante para mí.* Es como dejar una tarjeta de presentación que nunca olvidarán.

CONVIÉRTETE EN UN LÍDER QUE AYUDA

Entonces, ¿cómo puedes convertirte en alguien que es rápido para ayudar a los demás? Sigue estas pautas:

HAZ DE AYUDAR A OTROS UNA PRIORIDAD

Muchas veces estamos tan enfocados en nuestras propias agendas, que ayudar a los demás nunca llega a ser importante para nosotros. La solución es hacer que ayudar a otros sea *parte* de tu agenda, una prioridad principal. Hace años leí sobre algo que hizo el ganador del Óscar Tom Hanks en el set de *Milagros inesperados*. Esto mostró que ayudar a otros es una prioridad para él. El director de la película, Frank Darabont, reflexionó sobre el compromiso de Hanks para ayudar al actor emergente Michael Duncan a dar lo mejor de sí, y la impresión que eso le causó. Darabont dijo:

> **«Puedes conseguir todo lo que quieras en la vida si simplemente ayudas a suficientes personas a conseguir lo que ellas quieren».**
>
> **—ZIG ZIGLAR**

> Cuando pasen quince o veinte años, ¿qué recordaré [sobre la filmación de *Milagros inesperados*]? Hubo una cosa, y nunca la olvidaré: mientras filmábamos, [la cámara] estaba primero sobre Michael Duncan, y me di cuenta de que Hanks me estaba distrayendo. Hanks estaba realizando una actuación digna del Óscar, fuera de cámara,

> para Michael Duncan, a fin de darle todo lo posible que necesitara o pudiera usar para realizar la mejor actuación posible. Quería que a Michael le fuera muy bien. Quería que se viera increíble. Nunca olvidaré eso.[2]

Tom Hanks, como algunos otros actores de Hollywood, podría haber hecho lo mínimo y haberle dificultado las cosas a Duncan. En cambio, fue el primero en ayudar. Y claramente valió la pena. En 1999, Michael Clarke Duncan fue nominado al Óscar como Mejor Actor de Reparto. Y su carrera despegó.

SÉ CONSCIENTE DE LAS NECESIDADES DE LOS DEMÁS

Esto puede parecer obvio, pero no puedes satisfacer una necesidad si no sabes que existe. Cada uno de nosotros debe comenzar por interesarse en las personas que le rodean y buscar qué necesitan. A veces, ese conocimiento llega al escuchar con el corazón. Otras veces, simplemente, al prestar atención a lo que sucede alrededor. Y otras veces llega al ponerte mentalmente en el lugar de la otra persona.

Existe una leyenda judía que dice que dos hermanos compartían un campo y un molino, dividiendo cada noche el grano que habían molido juntos durante el día. Uno de los hermanos vivía solo; el otro estaba casado y tenía una familia numerosa.

Un día, el hermano soltero pensó: *No es justo que dividamos el grano por igual. Yo solo tengo que cuidar de mí mismo, pero mi hermano tiene hijos que alimentar.* Así que cada noche llevaba en secreto algo de su harina al almacén de su hermano.

Sin embargo, el hermano casado también consideró la situación de su hermano, y se dijo: *No es justo que dividamos el grano por igual, porque yo tengo hijos que me cuidarán en mi vejez, pero mi hermano no tiene a nadie. ¿Qué hará él cuando envejezca?* Así que cada noche tomaba en secreto algo de su harina y la ponía en el almacén de su hermano. Como resultado, ambos hermanos encontraban su suministro de grano misteriosamente repuesto cada mañana.

Una noche, se encontraron a mitad de camino entre sus dos casas. De repente se dieron cuenta de lo que el otro estaba haciendo, y se abrazaron con amor. La leyenda dice que Dios fue testigo de ese encuentro y proclamó: «Este es un lugar sagrado, un lugar de amor, y es aquí donde se construirá mi templo». Se dice que el primer templo fue construido exactamente en ese lugar.[3]

DISPONTE A ASUMIR RIESGOS

A veces, ayudar a otra persona puede implicar un riesgo, pero eso no debe impedirnos tenderle la mano. Ken Sutterfield contó una historia de los Juegos Olímpicos de 1936 en Berlín, Alemania, que ilustra el impacto que puede causar el correr ese tipo de riesgo. Antes de los juegos, el velocista estadounidense Jesse Owens había batido tres récords mundiales en un solo día, incluyendo un salto de 8,13 metros en salto de longitud, un récord que duraría veinticinco años. Sin embargo, Owens enfrentó una gran presión durante los juegos. Hitler y sus compañeros nazis querían usar la competencia para mostrar la supuesta superioridad aria, y Owens, un hombre negro, podía sentir la hostilidad hacia él.

Mientras intentaba calificar para la final durante los juegos, Owens se puso nervioso al ver a un alto alemán de ojos azules y cabello rubio practicando saltos en el rango de los ocho metros. En su primer salto, Owens despegó varios centímetros más allá de la tabla de batida. Luego cometió falta en el segundo intento. Solo le quedaba un intento más. Si fallaba, quedaría eliminado.

El alemán alto se acercó a Owens y se presentó. Su nombre era Luz Long. Mientras los nazis observaban,

Long animó a Owens y le dio un consejo: como la distancia mínima de clasificación era de solo 7,14 metros, Long sugirió que Owens hiciera una marca varios centímetros antes de la tabla de batida para asegurarse de no cometer falta. Owens calificó en su tercer salto. En la final, estableció un récord olímpico y ganó una de sus cuatro medallas de oro. ¿Y quién fue la primera persona en felicitar a Owens? ¡Luz Long!

Owens nunca olvidó el riesgo que Long corrió y la ayuda alentadora que le dio, aunque nunca volvió a verlo. «Podrías fundir todas las medallas y trofeos que tengo», escribió Owens, «y no alcanzarían ni para el baño de oro de la amistad de veinticuatro quilates que sentí por Luz Long».[4]

CUMPLE, PASE LO QUE PASE

El filántropo Andrew Carnegie fue abordado por miembros de la Sociedad Filarmónica de Nueva York, una de las organizaciones benéficas favoritas de Carnegie, para pedirle apoyo financiero. Estaba a punto de llenar un cheque para cubrir todo el déficit de la Sociedad cuando de repente se detuvo. «Seguramente debe haber otros amantes de la música ricos y generosos en esta ciudad que puedan ayudar», dijo. «¿Por qué no reúnen la mitad de esta cantidad y luego regresan por la otra mitad?», propuso el gran filántropo.

Al día siguiente, el tesorero regresó y le dijo a Carnegie que había reunido treinta mil dólares y que quería recibir entonces el cheque de Carnegie. El mecenas de las artes se mostró sumamente complacido por esa muestra de iniciativa y le entregó el cheque de inmediato. Pero tenía curiosidad. «¿Puedo preguntar quién contribuyó con la otra mitad?».

«La señora Carnegie», fue la respuesta.

A veces, cuando ayudamos a otros, descubrimos que su necesidad no era tan grande como esperábamos. Cumple de todos modos. Nunca está mal ser generoso, y no te arrepientas de lo que has dado.

Cuando ayudas a alguien que no te conoce, puedes ganártelo. Cuando ayudas a personas con las que ya tienes una conexión, te haces aún más entrañable para ellas. Y cuando ayudas a otros que no tienen una actitud positiva hacia ti, volverán a evaluar su percepción y bajarán la guardia. Ser rápido para ayudar es una excelente manera de ganar con las personas.

11

INVITA A LAS PERSONAS A UNIRSE A TU EQUIPO

El mejor halago que me han hecho fue cuando alguien me preguntó qué pensaba yo, y prestó atención a mi respuesta.

—HENRY DAVID THOREAU

El día en que comprendí que ya no podía hacerlo todo yo solo fue un paso importante en mi desarrollo como persona y como líder. Siempre he tenido visión, muchas ideas, y una enorme cantidad de energía. Pero cuando la visión se hace más grande que tú, realmente solo tienes dos opciones: abandonar la visión o buscar ayuda. Yo elegí lo segundo.

Cuando la visión se hace más grande que tú, realmente solo tienes dos opciones: abandonar la visión o buscar ayuda.

Hice este descubrimiento transformador en 1974. Me enfrentaba a un gran proyecto de construcción y necesitaba recaudar más de un millón de dólares. Fue la primera vez que entendí cuán superado estaba realmente en cuanto a liderazgo. Entonces me di cuenta de que, si alguna vez quería lograr algo grandioso, tenía que transformar el sueño de *yo* a *nosotros*. Mientras pensaba en esto, comencé a tener una idea. ¿Y si pudiera pintar con palabras la imagen de la visión que veía y crear una invitación que pudiera entregar a otros para que se unieran a mí? Me tomó muchas horas a lo largo de una semana, y este fue el resultado:

TENGO UN SUEÑO

La historia nos dice que en cada época llega un momento en el que los líderes deben avanzar para enfrentar las necesidades del momento. Por lo tanto, no existe un líder potencial que no tenga la oportunidad de mejorar la humanidad. Aquellos que lo rodean también tienen el mismo privilegio. Afortunadamente, creo que Dios me ha rodeado de personas que aceptarán el desafío de esta hora.

Mi sueño me permite...

- Renunciar en cualquier momento a todo lo que soy para recibir todo lo que puedo llegar a ser.
- Percibir lo invisible para poder lograr lo imposible.
- Confiar en los recursos de Dios, ya que el sueño es más grande que todas mis habilidades y relaciones.
- Continuar cuando estoy desanimado, porque donde no hay fe en el futuro, no hay poder en el presente.
- Atraer a los ganadores, porque los grandes sueños atraen a grandes personas.
- Ver a mi gente y a mí mismo en el futuro. Nuestro sueño es la promesa de lo que algún día seremos.

Sí, tengo un sueño. Es más grande que cualquiera de mis dones. Es tan grande como el mundo, pero comienza con uno. ¿Te unirás a mí?

—JOHN MAXWELL

Ordené imprimir de forma hermosa estas palabras en tarjetas, y mientras pedía ayuda a las personas, las repartía. Como resultado, cientos de personas se unieron a mí y se convirtieron en parte del equipo. Y, juntos, logramos hacer realidad la visión.

HAZ LA INVITACIÓN

Al margen de cuánto éxito puedas tener, cuán importante o reconocido seas, *necesitas* a las personas. Por eso tienes que hacerles saber que no puedes ganar sin ellas. El presidente Woodrow Wilson dijo: «No deberíamos usar solamente todos los cerebros que tenemos, sino también todos los que podamos pedir prestados».[1] ¿Por qué conformarte solo con sus cerebros? ¡Consigue también sus manos y sus corazones! Otro presidente, Lyndon Johnson, tenía razón cuando dijo: «No hay problemas que no podamos resolver juntos, y muy pocos que podamos resolver por nuestra cuenta».[2]

Pedir ayuda a otros es una manera estupenda de conectar con ellos. Esta es la razón:

LAS PERSONAS NECESITAN SENTIRSE NECESARIAS

¿Alguna vez le has pedido indicaciones a alguien? Casi siempre, las personas dejan lo que están haciendo y ayudan si pueden, aunque eso implique cruzar la calle o acompañarte hasta tu destino. Incluso pueden repetir las indicaciones un par de veces para asegurarse de que las entiendas. ¿Por qué? Porque cuando una persona siente que sabe algo que tú no sabes, eso la hace sentir bien. A todos nos gusta ser expertos, aunque sea por un momento. Eso da una gran sensación de superioridad y logro al ayudar, y se traduce en una mayor sensación de valía. Y todo proviene de la necesidad universal de sentirse necesarios.

LAS PERSONAS NECESITAN SABER QUE NECESITAN A OTROS

«Es un gran paso en tu desarrollo cuando llegas a darte cuenta de que otras personas pueden ayudarte a hacer un mejor trabajo del que podrías hacer solo», dijo el magnate del acero y filántropo Andrew Carnegie. Tristemente, muchas personas nunca alcanzan ese nivel de madurez o comprensión. Algunas todavía quieren creer que pueden lograr la grandeza por su cuenta.

El destino de cada individuo está ligado al de muchos otros. No podemos ser como el náufrago que se sienta en un extremo del bote salvavidas sin hacer nada, mientras los demás en el otro extremo sacan agua sin parar, y dice: «Gracias a Dios que el agujero no está en *mi* lado del bote». Todos necesitamos a las personas, y si no lo sabemos, estamos en problemas.

LAS PERSONAS NECESITAN SABER QUE SON NECESARIAS

El caricaturista Charles Schulz solía capturar muy bien los anhelos del corazón humano en su tira cómica *Peanuts*. Entendía realmente las necesidades de las personas. En una de sus viñetas, Lucy le pide ayuda a Charlie Brown con su tarea.

—Estaré eternamente agradecida —promete.

—Me parece justo. Nunca he tenido a nadie eternamente agradecido antes —responde Charlie—. Solo resta 4 a 10 para saber cuántas manzanas le quedan al granjero.

—¿Eso es todo? ¿¡Eso es todo!? —le dice Lucy—. ¿¡Tengo que estar eternamente agradecida por eso!? ¡Fui estafada! ¡No puedo estar eternamente agradecida por esto, fue demasiado fácil!

—Bueno, lo que tú consideres justo —responde Charlie con una expresión de desánimo.

—¿Qué tal si solo digo «gracias, bro»? —replica Lucy.

Cuando Charlie se va, se encuentra con Linus.

—¿Dónde estuviste, Charlie Brown?— le pregunta.

—Ayudando a Lucy con su tarea.

—¿Ella lo agradeció? —pregunta Linus.

—A precios muy reducidos —responde Charlie.[3]

Si alguna vez te has sentido como Charlie Brown, no estás solo. Todo ser humano anhela una vida con significado. Todos necesitamos saber que somos necesarios y que lo que ofrecemos a los demás tiene valor.

LAS PERSONAS NECESITAN SABER QUE AYUDARON

Cada vez que alguien me cuenta cuán valiosa fue la ayuda de un integrante de mi equipo, lo animo a decírselo. ¿Por qué? Porque las personas necesitan saber que ayudaron a alguien. «Los buenos líderes hacen que las personas sientan que están en el corazón de todo, no en la periferia», dijo el autor y experto en liderazgo Warren Bennis. «Todos sienten que marcan una diferencia en el éxito de la organización. Cuando eso sucede, las personas se sienten centradas, y eso le da sentido a su trabajo».[4]

Walter Shipley, quien fue presidente y director ejecutivo del Chase Manhattan Bank, dijo una vez: «Tenemos sesenta y ocho mil empleados. Con una empresa de este tamaño, yo no estoy "dirigiendo el negocio" [...] Mi trabajo es crear el ambiente que permite a las personas aprovecharse mutuamente más allá de sus capacidades individuales [...] Me dan el mérito a mí por brindar el liderazgo que nos llevó hasta allí, pero lo hizo nuestra gente».[5] Shipley entendía lo que todo líder exitoso sabe: las personas necesitan saber que hicieron una contribución importante para alcanzar la meta.

> «Los buenos líderes hacen que las personas sientan que están en el corazón de todo, no en la periferia».
>
> —WARREN BENNIS

No es una señal de debilidad dejar que otros sepan que los valoras. Invitar a las personas a ser parte de tu equipo es una señal de seguridad y fortaleza. Cuando eres honesto acerca de tu necesidad de ayuda, específico con los demás sobre el valor que aportan, e inclusivo al construir un equipo para lograr algo más grande que tú, todos ganan.

12

ALIENTA LOS SUEÑOS DE LOS DEMÁS

Aléjate de las personas que intentan restarle importancia a tus ambiciones. Las personas pequeñas siempre hacen eso, pero las verdaderamente grandes te hacen sentir que tú también puedes llegar a ser grande.

—MARK TWAIN

Cuando alguien comparte sus sueños conmigo, lo considero un gran privilegio. Demuestra un gran nivel de valentía y confianza. Y, en ese momento, soy consciente de que tengo un gran poder para ayudar o perjudicar. No es un asunto menor. Una palabra equivocada puede aplastar el sueño de una persona; la palabra correcta puede inspirarla a perseguirlo.

EL PODER DE UN SUEÑO

Si alguien te aprecia lo suficiente como para contarte sus sueños, ten cuidado. Incluso si en privado tienes dudas sobre la viabilidad de su sueño, no dudes de la persona ni la desanimes. En lugar de eso, anímala y ten en cuenta lo siguiente:

LOS SUEÑOS SON FRÁGILES

La actriz Candice Bergen comentó: «Los sueños, por definición, están condenados a tener una corta vida».[1]

Sospecho que lo dijo porque hay personas a las que no les gusta ver que otros persiguen sus sueños. Les recuerda cuán lejos están de vivir los suyos. Como resultado, intentan derribar a cualquiera que apunte a las estrellas. Al tratar de disuadir a otros de seguir sus sueños, las personas críticas se justifican por quedarse en su zona de confort. Nunca te conviertas en un asesino de sueños. En cambio, conviértete en alguien que los alienta e impulsa.

> **«Los sueños, por definición, están condenados a tener una corta vida».**
>
> —CANDICE BERGEN

PERDER UN SUEÑO ES UNA GRAN PÉRDIDA

¿Has renunciado a uno de tus sueños? ¿Has enterrado una esperanza que una vez fue brillante y te dio energía? Si es así, ¿qué efecto tuvo en ti? Norman Cousins, exeditor del *Saturday Review* y profesor adjunto de psiquiatría en la Universidad de California en Los Ángeles (UCLA, por sus siglas en inglés), creía que «la muerte no es la mayor pérdida en la vida. La mayor pérdida es lo que muere dentro de nosotros mientras vivimos».

> **«La muerte no es la mayor pérdida en la vida. La mayor pérdida es lo que muere dentro de nosotros mientras vivimos».**
>
> —NORMAN COUSINS

Nuestros sueños nos mantienen vivos. Benjamin Franklin observó: «La mayoría de los hombres mueren del cuello para arriba a los veinticinco años porque dejan de soñar».[2] Por eso es tan importante que ayudes a mantener vivos los sueños de los demás. Al hacerlo, literalmente puedes ayudarlos a vivir. Alentar el sueño de otra persona puede nutrir su alma.

ALENTAR A OTROS A PERSEGUIR UN SUEÑO ES UN REGALO MARAVILLOSO

Como los sueños están en el centro de nuestra alma, debemos hacer todo lo que esté a nuestro alcance para ayudarlos a hacerse realidad. Ese es uno de los regalos más grandes que podemos dar a otros. ¿Cómo puedes hacerlo? Sigue estos seis pasos:

1. **Pídele que comparta su sueño contigo.** Todo el mundo tiene un sueño, pero a pocas personas se les invita a hablar de él.
2. **Afirma tanto a la persona como a su sueño.** Hazle saber que no solo valoras su sueño, sino que también reconoces cualidades en ella que pueden ayudarla a lograrlo.

3. **Pregunta cuáles son los desafíos que debe superar para alcanzar su sueño.** Pocas personas preguntan sobre los sueños de los demás; aún menos se interesan por los obstáculos que deben superar.
4. **Ofrécele tu ayuda.** Nadie alcanza un sueño valioso por sí solo. Te sorprenderás de cómo se anima alguien cuando le ofreces ayuda para lograr su sueño.
5. **Vuelve a hablar con regularidad del sueño con esa persona.** Si realmente quieres ayudar, no lo hagas solo una vez como si marcaras una casilla. Vuelve a contactarla, pregunta cómo le va y ofrece tu apoyo.
6. **Recuerda todos los días que debes ser un impulsor de sueños, no un destructor.** Todos tienen un sueño y todos necesitan ánimo. Ajusta tu radar mental para captar los sueños de otros y ayudarlos.

Te sorprenderá el impacto positivo que puedes tener en la vida de los demás si los animas a perseguir sus sueños.

LAS PERSONAS ESTÁN A LA ALTURA DE SUS SUEÑOS CUANDO SE LES DA LA OPORTUNIDAD DE CUMPLIRLOS

Scott Adams, creador de la popular tira cómica *Dilbert*, contó esta historia sobre sus inicios como caricaturista:

> Cuando intentaba convertirme en un caricaturista sindicado, envié mi portafolio a un editor tras otro, y recibí rechazo tras rechazo. Un editor incluso me llamó para sugerirme que tomara clases de arte. Entonces, Sarah Gillespie, editora en United Media y una de las verdaderas expertas en el campo, me llamó para ofrecerme un contrato. Al principio no le creí. Le pregunté si tendría que cambiar mi estilo, buscar un compañero o aprender a dibujar. Pero ella creía que yo ya era lo suficientemente bueno como para convertirme en un caricaturista sindicado a nivel nacional.
>
> Su confianza en mí cambió por completo mi perspectiva: alteró mi modo de pensar sobre mis propias habilidades. Esto puede sonar extraño, pero desde el momento en que colgué el teléfono con ella, dibujé mejor. Se puede notar una mejora notable en la calidad de las caricaturas que hice después de esa conversación.[3]

La editora Sarah Gillespie le dio a Adams la oportunidad de vivir su sueño, pero debido a que tantas personas habían tratado de desanimarlo, casi tuvo miedo de aceptar.

Sin embargo, gracias al aliento de Gillespie, y a la oportunidad que le dio, *Dilbert* se convirtió en una de las caricaturas más populares del país.

No se puede saber lo que podría suceder si comenzaras a alentar los sueños de quienes te rodean. Cuando llegues al final de tu vida, ¿no te encantaría ser esa persona sobre la que otros digan: «Tuve éxito porque esta persona creyó en mí cuando nadie más lo hizo»? Comienza a alentar a otros. Cuanto más lo hagas, más compartirán sus sueños contigo. Y mayor será la posibilidad de que puedas verlos florecer.

COMPARTE EL MÉRITO CON LOS DEMÁS

Si cada uno de nosotros confesara su deseo más íntimo, ese que inspira todos los planes y todas las acciones, sería: «Quiero ser elogiado».

—E. M. CIORAN

Cuando escribí mi primer libro en 1979, jamás imaginé que algo de lo que yo escribiera se convertiría en un éxito de ventas. Pero en 1998, mi libro *Las 21 leyes del liderazgo* llegó a la lista del *New York Times*. Cinco años después, en julio de 2003, el libro alcanzó otro hito que nunca creí posible. Vendió un millón de ejemplares. Para celebrar ese logro y honrarme, Thomas Nelson, la editorial del libro, organizó un banquete de celebración en Orlando para unas ciento veinte personas de su empresa y la mía. Aquella noche me hicieron regalos hermosos, incluyendo un par de gemelos dorados con el número 21 grabado y un águila de cristal.

Mi momento favorito de esa noche fue cuando tuve la oportunidad de agradecer a todas las personas que hicieron posible ese libro. Víctor Oliver fue quien concibió la idea original y propuso el título. Dan Reiland, Tim Elmore y Charlie Wetzel me ayudaron a perfeccionar las leyes, y Charlie trabajó como mi compañero de escritura para terminar el libro. Ron Land de Thomas Nelson y el equipo de mi empresa organizaron la gira de lanzamiento. Y el editor

Mike Hyatt dirigió a todo el equipo de ventas y mercadeo que logró que el libro llegara a las librerías de todo el país. Fue un verdadero esfuerzo de equipo.

Hacer que un libro tenga éxito y llegue a las manos de personas a las que puede ayudar es siempre un esfuerzo de equipo, aunque no todos los autores lo ven así. Todos los involucrados en el proceso tienen un papel que desempeñar. Yo quería que supieran que ellos lo hicieron posible. Rara vez tenemos la oportunidad de agradecer lo suficiente a quienes nos ayudan.

CÓMO DAR MÉRITO A OTROS

Dar mérito a otros es una de las formas más sencillas de conectar con las personas y volverte más atractivo para ellas como líder. Si eso es lo que deseas, toma en serio estas sugerencias:

DEJA TU EGO EN LA PUERTA

La razón principal por la que las personas no dan mérito a otros es porque creen que eso, de alguna manera, les perjudicará o les restará valor. Muchos líderes son tan inseguros que alimentan constantemente su ego para compensarlo. Pero no puedes ser un líder auténtico y humilde a menos que seas capaz de dejar tu ego a un lado.

¿Alguna vez escuchaste el dicho: «Un ególatra no es alguien que piensa demasiado en sí mismo; es alguien que piensa demasiado poco en los demás»? Si quieres dar mérito a otros, enfócate en ellos, no en ti mismo. Pregúntate: ¿Qué necesitan? ¿Cómo se sentirán al recibir el mérito? ¿Cómo mejorará su desempeño? ¿Cómo les motivará a alcanzar su potencial? Si destacas sus contribuciones, los haces quedar bien a ellos *y* también a ti.

«Un ególatra no es alguien que piensa demasiado en sí mismo; es alguien que piensa demasiado poco en los demás».

DA EL MÉRITO EN CUANTO PUEDAS

Me encanta lo que dijo H. Ross Perot sobre dar mérito: «Recompensa a los empleados mientras aún tienen el sudor en la frente».[1] ¿No es cierto que uno de los mejores momentos para dar mérito es cuando el esfuerzo y los sacrificios todavía están frescos en sus mentes? ¿Para qué esperar? Tal vez has escuchado la enseñanza del experto en liderazgo Ken Blanchard acerca de que deberías atrapar a las personas mientras hacen algo bueno. ¡Qué gran idea! Cuanto antes des mérito a alguien, mayor será el impacto.

En 2003, cuando me reuní por primera vez con el entrenador de baloncesto de UCLA, John Wooden, me contó que solía enseñar a sus jugadores que cuando anotaran, mostraran una sonrisa, hicieran un guiño o dirigieran un gesto de aprobación al compañero que les había pasado bien el balón. «¿Y si no está mirando?», preguntó uno de los jugadores. Wooden respondió: «Te garantizo que mirará». A todos nos gusta que reconozcan nuestra contribución.

DA MÉRITO EN PÚBLICO

Ya leíste el capítulo donde te animé a expresar el valor de las personas ante otros, pero vale la pena repetirlo. Cuando das mérito a otros frente a sus compañeros y seres queridos, su valor se multiplica enormemente. El reconocimiento en privado tiene valor. El reconocimiento en público lo tiene mucho más. El exjugador y mánager de los Yankees de Nueva York, Billy Martin, observó: «No hay nada mejor en el mundo que cuando alguien del equipo hace algo bueno y todos se acercan para darle una palmada en la espalda».[2] Al dar mérito delante de una audiencia, puedes ayudar a crear el tipo de ambiente que Martin describía.

ESCRÍBELO

Cuando das mérito de forma verbal, elevas a una persona por un momento. Cuando te tomas el tiempo de ponerlo por escrito, tienes el potencial de elevarla para toda la vida. Las personas colocan placas en sus paredes para recordar sus logros. Guardan y atesoran cartas que contienen reconocimiento y elogios por cosas que hicieron. En el fondo, todos queremos marcar una diferencia, y hay días en los que todos necesitamos un poco de ánimo.

Tengo un archivo en mi oficina con cartas y notas que tienen un significado especial para mí. De vez en cuando, saco el archivo y releo algunas de las cosas que personas a las que respeto me han escrito. Eso me permite revivir esos momentos de ánimo. Se dice que incluso el presidente Abraham Lincoln solía llevar en su bolsillo un recorte de periódico que elogiaba sus logros como presidente. Fue uno de los mejores líderes en la historia de nuestra nación, y aun así necesitaba algo que le levantara el ánimo.

Por favor, no subestimes el impacto que puede tener un artículo, un anuncio público o una nota personal. Lo que te toma solo unos minutos escribir puede inspirar a otra persona durante décadas.

DILO SOLAMENTE SI LO SIENTES

Me encanta este viejo chiste: un anciano yacía en su lecho de muerte, y su esposa de muchos años estaba sentada a su lado. Él abrió los ojos y la vio.

—Ahí estás, Agnes —dijo—, a mi lado otra vez.

—Sí, querido —respondió ella.

—Al mirar atrás —dijo el anciano—, recuerdo todas las veces que estuviste a mi lado. Estuviste cuando recibí el aviso de reclutamiento y tuve que ir a la guerra. Estuviste conmigo cuando nuestra primera casa se incendió. Cuando tuve el accidente que destruyó nuestro auto, estabas ahí. Y estuviste a mi lado cuando mi negocio quebró y perdimos hasta el último centavo.

—Sí, querido —dijo su esposa.

El anciano suspiró.

—Te diré algo, Agnes —dijo—, ¡qué mala suerte me has dado!

Puede parecer obvio, pero quiero decirlo de todos modos para que no haya malentendidos. Nunca deberías decir algo que no crees solo para alentar a alguien. Si no eres sincero, no haces que la persona se sienta bien; haces que se sienta manipulada. Cuando das mérito a otros, debes hacerlo desde el corazón.

Los miembros de un equipo siempre saben quién cargó con la mayor parte del trabajo cuando hicieron algo juntos, y sienten que es justo que se reconozca su contribución. Cualquier líder que se atribuye demasiado mérito pierde el respeto de su equipo, pero los líderes humildes, que ponen a otros en el centro de atención, son respetados y admirados. Esos son los líderes con los que las personas están felices de trabajar, y para los que están felices de trabajar.

14

CREA MOMENTOS ESPECIALES PARA LOS DEMÁS

La memoria es el tesoro y la guardiana de todas las cosas.

—CICERÓN

Pocas cosas unen a las personas como un recuerdo compartido. Los soldados que luchan juntos, los compañeros de equipo que ganan un campeonato, y los equipos de trabajo que logran sus objetivos comparten una conexión que nunca desaparece. Las parejas casadas que pasan por momentos difíciles muchas veces pueden mirar atrás y recordar sus experiencias anteriores juntos para seguir adelante. Las familias se unen cuando enfrentan incomodidades en viajes de campamento o comparten aventuras en vacaciones que después disfrutan recordar.

Algunos recuerdos surgen por las circunstancias, pero muchos pueden ser creados proactivamente por un líder. El autor Lewis Carroll escribió: «Es una mala memoria la que solo funciona hacia atrás».[1] ¿Qué significa eso para ti y para mí? Los recuerdos más valiosos suelen ser aquellos que planeamos y creamos intencionalmente.

CARACTERÍSTICAS DE UN CREADOR DE RECUERDOS

Me he vuelto muy intencional al crear recuerdos para otras personas, desde planear viajes impactantes con nuestros nietos hasta hacer preguntas durante la cena que lleven a conversaciones memorables, u organizar eventos únicos en la vida para donantes de mi fundación de liderazgo. Tal vez comencé a hacerlo porque era un niño divertido que disfrutaba los recuerdos que mis padres creaban para nuestra familia. Creo que, en realidad, me da más alegría a mí que a quienes reciben la experiencia. Cuando le das a alguien un gran recuerdo, es algo que tendrá para siempre.

Si quieres crear momentos memorables para los demás, aquí tienes algunas cualidades que te recomiendo cultivar:

INICIATIVA: HAZ QUE ALGO SUCEDA

Los recuerdos no nos encuentran a nosotros; nosotros los encontramos. Todavía mejor, si somos intencionales, *hacemos* recuerdos. Si le mencionas la palabra *carroza* a mis amigos Dan y Patti Reiland junto con Tim y Pam Elmore, puedo decirte exactamente lo que les vendrá a la mente: un día fresco de otoño en la ciudad de Nueva York cuando hicimos algo que todavía nos hace reír. Después de almorzar en Tavern on the Green, contraté tres «carrozas de bicicleta» con conductores pedaleando para llevar a cada pareja en una carrera por Manhattan hasta Macy's. Cada pareja debía motivar a su conductor para ganar (usando los incentivos que quisieran). La carrera estuvo muy reñida todo el camino, y reímos sin parar.

Todavía reímos cuando lo recordamos o vemos las fotografías que tomamos ese día. Pero nada de eso habría pasado si no lo hubiéramos iniciado.

TIEMPO: APARTA TIEMPO PARA HACER QUE ALGO SUCEDA

Durante años, los padres han debatido el tema del tiempo de calidad o la cantidad de tiempo. Como padre y abuelo, he descubierto que se necesita cantidad de tiempo para *encontrar* tiempo de calidad. Si no apartas el tiempo, no puedes crear el recuerdo.

¿No has comprobado que la mayoría de tus recuerdos más significativos son con las personas con las que pasas más tiempo? Yo sé que eso es verdad para mí. Si quieres compartir recuerdos con tu familia, pasa más tiempo con ellos. Si quieres crear recuerdos con tus empleados, sal de tu oficina y haz cosas con ellos. Simplemente no puedes crear recuerdos con las personas si no tomas tiempo para estar con ellas.

PLANIFICACIÓN: PLANEA PARA QUE ALGO SUCEDA

La mayoría de las personas no dirigen sus vidas; las aceptan. Esperan que las experiencias memorables les sucedan, sin pensar en planear una experiencia que cree un recuerdo para ellas mismas y para otros.

Uno de los recuerdos más extravagantes que alguna vez planeé fue con Margaret, mi esposa, para nuestro vigésimo quinto aniversario de bodas. Decidimos compartirlo con treinta de nuestros amigos más cercanos. Rentamos un yate y recogimos a todos en la bahía de San Diego. Una vez a bordo, tuvimos una deliciosa comida y luego sorprendimos al grupo con un *show* de Frankie Valens, quien interpretó algunas de sus canciones más emblemáticas como «Sixteen Candles». A nuestros amigos les encantó; pero el momento más memorable de la noche se creó cuando Margaret y yo dijimos unas palabras sobre cada persona y por qué esa persona ocupaba un lugar tan especial en nuestro corazón. Esa noche no solo es un gran recuerdo

La mayoría de las personas no dirigen sus vidas; las aceptan.

para Margaret y para mí, sino también para las personas que asistieron.

CREATIVIDAD: ENCUENTRA UNA MANERA DE HACER QUE ALGO SUCEDA

¿Qué haces cuando estás en un evento donde esperas crear un recuerdo, pero no sucede nada? ¡Sé creativo! Me han pedido una y otra vez que cuente la historia del Holiday Bowl al que asistí en San Diego con unos amigos hace muchos años. El partido fue tan aburrido que terminé comprando periódicos a todos los de mi sección del estadio para que tuviéramos algo que hacer. Al ver lo que había hecho, otra persona en las gradas decidió no quedarse atrás y compró cien bolsas de maní, que repartió a todos en la sección. Los dos recibimos una ovación de pie, y pronto las cámaras se enfocaban más en nosotros que en el juego. No recuerdo el marcador ni tampoco mucho del partido, pero es una noche que nunca olvidaré. Tampoco la olvidarán los amigos que fueron conmigo.

EXPERIENCIAS COMPARTIDAS: HAZ QUE ALGO SUCEDA JUNTOS

Los recuerdos se multiplican cuando se viven con alguien a quien amas. Hace años, nuestra familia fue de vacaciones a Jasper Park, en Canadá. Mientras estábamos allí, llevé a pescar a mis hijos, Elizabeth y Joel Porter. De regreso a nuestra cabaña, llamamos a Margaret para avisarle que ya regresábamos, y ella les preguntó a los niños cómo les había ido.

—Pescamos ocho truchas —dijo Joel. Actuaba con modestia, pero yo podía notar que estaba orgulloso.

Los recuerdos se multiplican cuando se viven con alguien a quien amas.

Mientras conducíamos de regreso, hablamos de lo maravilloso que sería cenar las truchas que acabábamos de sacar de un arroyo de montaña. Cuando llegamos, llevamos las truchas a la cocina, y allí en la encimera vimos cuatro filetes listos para cocinarse.

—¿Qué pasó? —le preguntó Joel a su madre—. ¡Pescamos ocho truchas! Y estábamos esperando cenar truchas.

Margaret comenzó a reírse.

—Pensé que dijiste *una* trucha, así que fui a comprar filetes.

Entonces yo comencé a reírme, y Elizabeth también. Finalmente, con una chispa en los ojos, Joel dijo:

—Mamá no es muy buena con los números, ¿verdad?

Eso sucedió cuando nuestros hijos tenían once y trece años. Cada vez que hacemos una parrillada desde entonces, los niños cuentan la historia de las truchas. Incluso ahora que ambos están casados y tienen hijos propios, aún les encanta decir: «Mamá no es muy buena con los números». Nos hace reír a todos.

RECUERDOS FÍSICOS: MUESTRA QUE ALGO SUCEDIÓ

«Casi todo lo que hagas hoy será olvidado en unas pocas semanas», dijo el autor y científico investigador John McCrone. «La capacidad de recordar disminuye exponencialmente [...] a menos que se refuerce con ayudas artificiales como diarios y fotografías».[2]

Me encanta mantener vivos los recuerdos guardando algún tipo de recordatorio físico, pues me transporta directamente al momento en que sucedió. ¿A ti también te gusta eso? ¿Guardas fotografías o recuerdos en tu escritorio donde puedas verlos? ¿Llevas fotos de las personas que amas en tu billetera? ¿Tienes un trofeo, una placa, una pelota de juego u otro premio en una repisa donde tú y otros puedan verlo? Todos tenemos cosas que amamos no porque tengan valor material, sino porque nos recuerdan lugares donde estuvimos o cosas que hicimos con personas que nos importan.

Cuando ayudas a crear un recuerdo para otros, trata de darles algo para evocarlo.

REVIVE EL RECUERDO: HABLA DE LO QUE SUCEDIÓ

La parte más importante de crear un recuerdo es revivirlo. Ese es el premio. Muchas veces, cuando viajo con otros, al final del viaje les pido que compartan un recuerdo favorito, el cual a menudo conduce a conversaciones enriquecedoras. O escribo una nota a alguien poco después para compartir mi propio recuerdo favorito. Crea una conexión que nos une y hace que ambos nos sintamos bien.

No puedo enfatizar suficientemente lo que crear recuerdos hace por las personas a las que influyes y por ti como líder. Los líderes que se esfuerzan por conocer a su gente y lo que ellos valoran, que adaptan formas de crear recuerdos que les encantarán, toman el tiempo para preparar el terreno y gastan el dinero para hacerlo realidad, ocupan un lugar especial en el corazón de las personas que lideran. Ya sea que crees recuerdos para tu cónyuge, tus hijos, amigos, empleados o colegas, te convertirás en un líder que deja una impresión positiva y se gana sus corazones.

COMPARTE INFORMACIÓN CON LOS DEMÁS

No le ocultes tu secreto a tu amigo, o merecerás perderlo.

—PROVERBIO PORTUGUÉS

Dice un proverbio siciliano: «Solo la cuchara sabe lo que se está cocinando en la olla». Cuando permites que otra persona sepa lo que se está moviendo dentro de ti, dándole una «probadita» de un plan o una idea, creas instantáneamente una conexión significativa con él o ella. ¿A quién no le gustaría saber lo que está sucediendo en la mente de alguien a quien quiere? ¿O enterarse, por medio de su líder, del trabajo importante que su equipo está tratando de lograr?

En 1996, Margaret y yo decidimos mudar nuestra empresa de San Diego a la zona de Atlanta. En ese momento, teníamos consultores que volaban por todo el país para ayudar a los clientes, y vivir en San Diego les dificultaba mucho viajar. La mayoría de nuestros clientes estaban ubicados al este del río Misisipi, y nuestros consultores normalmente perdían un día entero viajando hasta donde estaban ellos. Yo también viajaba mucho como conferencista, y mi asistente, Linda Eggers, revisó mi agenda del año anterior y calculó que pasé treinta días solamente en conexiones. Eso nos llevó a mudar la empresa a una ciudad con un aeropuerto central.

Antes de anunciar públicamente la mudanza, me reuní de modo individual con el personal clave para hablarles sobre el traslado e invitarlos a mudarse con nosotros. Para algunas personas, eso fue algo importante. Una de ellas fue Charlie Wetzel. Más adelante, dijo que el que yo lo invitara a acompañarme causó un gran impacto. Él me comentó:

> John, nuestra conversación probablemente no duró más de cinco minutos, pero lo que me comunicaste me cambió la vida. Yo había trabajado duro, ya habíamos escrito cinco o seis libros juntos, y siempre fuiste generoso con tus elogios; pero no tenía idea de cuánto me valorabas. Compartir esa información conmigo me mostró cuán importante yo era para ti y tu visión, y eso cambió la manera en que me veía a mí mismo.[1]

Como ya mencioné, Charlie y yo hemos trabajado juntos por treinta años. Ha sido y sigue siendo una colaboración fantástica.

COMPARTE CON OTROS INFORMACIÓN PRIVILEGIADA

Cada vez que haces partícipe a alguien de algo importante, eso causa una fuerte impresión. Pero puedes hacer que compartir información sea parte de tu vida diaria usando cosas cotidianas. A la gente le gusta especialmente que le cuenten secretos o recibir información exclusiva. Si estás contándole algo a alguien que nunca habías compartido, ¿por qué no decírselo? Eso hace que se sienta especial.

Compartir información con alguien se trata, en realidad, de dos cosas: interpretar el contexto de una situación y desear fortalecer a la otra persona. Si tienes en cuenta esas dos cosas, puedes aprender esta habilidad y conectar con los demás. Al intentarlo, ten presentes estas tres ideas:

1. COMPARTE INFORMACIÓN VITAL PARA EL ÉXITO DE LAS PERSONAS

Dos pescadores experimentados en alta mar decidieron probar la pesca en hielo por primera vez. Cada uno abrió un agujero en el hielo, puso gusanos en su anzuelo, lanzó el hilo al agua y esperó. Después de tres horas, no habían pescado nada.

Mientras estaban sentados, vieron que se acercaba un niño. Él abrió un agujero en el hielo entre los dos pescadores, puso un gusano en su anzuelo, lanzó el hilo, y casi de inmediato atrapó un pez. Repitió el proceso, y en poco tiempo ya había pescado más de una docena. Los dos pescadores lo miraban asombrados. Finalmente, uno de ellos se acercó al niño.

—Jovencito —le dijo—, llevamos aquí más de tres horas y no hemos pescado ni un solo pez. Tú has atrapado al menos una docena en solo unos minutos. ¿Cuál es tu secreto?

El niño murmuró algo como respuesta, pero el hombre no entendió nada. Entonces notó que el niño tenía una gran hinchazón en la mejilla izquierda.

—Por favor, ¿podrías sacar la goma de mascar de tu boca para que pueda entenderte? —le dijo.

El niño se cubrió la boca con las manos y escupió.

—No es goma de mascar —dijo entonces—; es mi secreto. Hay que mantener los gusanos calientes.

La información más importante que un líder puede compartir es el conocimiento que su equipo necesita para tener éxito. Muchos líderes retienen información que sus colaboradores necesitan, ya sea porque no comprenden cuánto podría ayudarlos o porque se aferran al conocimiento, pues los hace sentir más poderosos. No caigas en esas trampas. Comparte todo lo que puedas para facilitar el trabajo o la vida de otra persona.

2. COMPARTE CON EL OBJETIVO DE HACER SENTIR ESPECIALES A LOS DEMÁS

Hacer partícipe a alguien siempre eleva su autoestima. Si puedes compartir un secreto con alguien, eso suele crear una conexión. El secreto no tiene que ser dramático para tener un efecto positivo. Por ejemplo, cuando juego golf, normalmente llevo una tarjeta plastificada con consejos que me dio el profesional del golf Scott Szymoniak. De vez en cuando, si un amigo del grupo no está jugando bien, lo aparto y le digo: «Quiero compartir contigo un secreto que ha mejorado mucho mi juego de golf». Entonces saco la tarjeta y le muestro las seis cosas que un golfista debe saber y hacer. Y le explico que es mi plan personal de golf y que no lo comparto con todo el mundo.

¿Cómo te sientes cuando sabes que eres la primera persona en enterarse de algo? A mí me hace sentir especial. Esa es una de las razones por las que mi esposa Margaret y yo tenemos la costumbre de guardarnos noticias para contárnoslas primero al vernos al final del día o después de un viaje. Me cuesta mucho guardar esa información y no contársela a otros, pero es importante para mí por el efecto positivo que tiene en mi relación con Margaret. Esas conversaciones suelen ser nuestros momentos favoritos del día.

3. COMPARTE INFORMACIÓN PARA INCLUIR A OTROS EN TU VIAJE

En el fondo, compartir información con otros es un acto de inclusión. Invita a otros a tu vida, a tu experiencia. Los incluye en tu éxito. Cuando hablo ante una audiencia, ya sea en una mesa redonda de ejecutivos o en un estadio lleno de gente, uso intencionalmente un lenguaje inclusivo. Comparto mi viaje personal. Y cuando estoy revelando algo que nunca antes había dicho en público, les hago saber que lo estoy haciendo. Eso les comunica que me importan y que quiero ayudarlos.

En el fondo, compartir información con otros es un acto de inclusión.

¿Eres inclusivo por naturaleza? ¿Eres un libro abierto que comparte información con la mayoría de las personas? ¿O eres alguien naturalmente reservado, que tiende a guardarse las cosas? Para ser un mejor líder y una persona más carismática, necesitas abrirte. Necesitas hacer un esfuerzo intencional para incluir a los demás y compartir lo que sabes. Eso empoderará a quienes lideras, los hará sentirse incluidos, y los inspirará a dar lo mejor de sí.

HABLA A LAS VIDAS DE LOS DEMÁS

Trata a un hombre como aparenta ser y lo harás peor. Pero trátalo como si ya fuera lo que potencialmente podría ser, y lo convertirás en lo que debería ser.

—GOETHE

Una de las mejores maneras de inspirar a otros y hacer que se sientan bien consigo mismos es mostrarles quiénes podrían llegar a ser hablando a sus vidas. Hace años, un mánager de los Yankees de Nueva York quería que sus jugadores novatos supieran qué privilegio era jugar para el equipo. Solía decirles: «Muchachos, es un honor tan solo vestir el uniforme de rayas de los Yankees de Nueva York. Así que, cuando se lo pongan, jueguen como campeones del mundo. Jueguen como Yankees. Jueguen con orgullo».

Cuando le das a alguien una reputación que mantener, hablas a la vida de esa persona; la animas a ser su mejor versión. Al hablarle a su potencial, ayudas a que «juegue con orgullo», como hacen los Yankees. ¿Por qué es eso importante? Porque las personas llegarán más lejos de lo que creían posible cuando alguien a quien respetan les dice que pueden lograrlo.

CÓMO INVERTIR VERBALMENTE EN LAS PERSONAS

Si deseas alentar a las personas hablando a sus vidas, aquí tienes algunas sugerencias para comenzar:

TEN UNA ALTA OPINIÓN DE ELLAS

Las opiniones que tienes de las personas que están en tu vida las afectan profundamente. El Dr. J. Sterling Livingston, anteriormente de la Escuela de Negocios de Harvard y fundador de la firma de consultoría administrativa Sterling Institute, observó: «Las personas actúan de manera coherente según lo que perciben que esperas de ellas».[1]

Una de las maneras de expresar tu alta opinión sobre ellas es darles una reputación que mantener. Háblales como sabes que podrían llegar a ser. Una reputación es algo que muchas personas pasan toda su vida tratando de superar o de estar a la altura. Entonces, ¿por qué no ayudar a otros a subir en lugar de empujarlos hacia abajo? Todas las personas tienen valor y también potencial. Puedes encontrar esas cualidades si las buscas.

RESPALDA TU ALTA OPINIÓN CON ACCIÓN

Cuando respaldas tu creencia en las personas con acción, su duda de sí mismas comienza a desvanecerse.

Una cosa es decirle a tu hijo adolescente que crees que es un buen conductor; otra es darle las llaves del auto por la noche. Del mismo modo, si quieres que un nuevo gerente esté a la altura de la alta opinión que has expresado sobre él, entonces dale una responsabilidad significativa. Nada les da más confianza a las personas que ver que alguien a quien respetan respalda sus palabras con acciones. No solo las empodera emocionalmente, sino que también impulsa su camino hacia el éxito.

MIRA MÁS ALLÁ DE SU PASADO Y PRESENTA UNA EXPECTATIVA PARA EL FUTURO

Las viejas etiquetas negativas pueden bloquear el crecimiento y progreso de una persona. Tal vez por eso los ritos de paso en muchas culturas incluyen dar un nuevo título o nombre a la persona que está siendo honrada. En lugar de mirar al pasado de alguien, se enfocan en su futuro potencial.

Como líder, enfócate más en el potencial de la persona que en su pasado. Mira quién puede llegar a ser y háblale de eso para inspirarla a convertirse en su mejor versión. Harry Hopman, uno de los mejores capitanes y entrenadores de tenis en la historia de Australia y miembro del

Salón de la Fama Internacional del Tenis, en su momento llevó al equipo australiano a dominar el mundo del tenis. ¿Cómo lo hizo? Enfatizando lo que él llamaba «entrenar con afirmación». Por ejemplo, tenía un jugador lento al que apodó «Cohete». A otro jugador que no era conocido por su fuerza o complexión lo llamó «Músculos». Y ciertamente eso les dio un impulso. «Cohete» Rod Laver y «Músculos» Ken Rosewall se convirtieron en campeones del mundo del tenis.

PON TU ÁNIMO POR ESCRITO

El periodista francés Emile De Girardin dijo: «El poder de las palabras es inmenso. Una palabra bien elegida ha bastado a menudo para detener a un ejército en fuga, cambiar la derrota en victoria, y salvar a un imperio». Yo creo firmemente en el poder de las notas de ánimo escritas. Una palabra amable dicha desde el corazón siempre es bien recibida. En su libro *El poder del ánimo*, mi amigo David Jeremiah escribió: «El ánimo escrito viene directamente del corazón, sin interrupciones ni inhibiciones. Por eso es tan poderoso».[2] ¿Acaso no lo has comprobado?

Durante años he mantenido la práctica de escribir notas personales a otras personas. A menudo olvido lo que escribí, pero de vez en cuando alguien que ha recibido una nota mía me la muestra y me cuenta cuánto ánimo le dio. En esos momentos recuerdo el ánimo sostenido y repetido que las personas reciben de la palabra escrita.

> «El ánimo escrito viene directamente del corazón, sin interrupciones ni inhibiciones. Por eso es tan poderoso».
>
> —DAVID JEREMIAH

Nunca puedes saber cuándo algo que escribas a otros los animará en tiempos difíciles o los sostendrá en el momento en que la vida se ponga complicada. En el primer libro de *Sopa de pollo para el alma*, la maestra hermana Helen Mrosla relató cómo una tarea improvisada en el salón de clase se convirtió en una fuente de ánimo para sus alumnos. En un día en que sus alumnos de secundaria estaban especialmente revoltosos, les pidió que escribieran lo que les gustaba de cada uno de sus compañeros. Luego ella compiló los resultados durante el fin de semana y entregó las listas el lunes siguiente.

Años después, cuando uno de esos estudiantes, Mark, murió en Vietnam, ella y algunos de sus antiguos alumnos se reunieron para el funeral. Más tarde, el padre de Mark le dijo al grupo:

—Encontraron esto en Mark cuando murió.

Entonces les mostró un papel doblado, redoblado y pegado con cinta: el que había recibido años atrás de su maestra.

Justamente después, Charlie, uno de los compañeros de Mark, dijo:

—Yo guardo mi lista en el cajón de mi escritorio.

—Chuck la puso en nuestro álbum de bodas —dijo la esposa de Chuck.

—Yo también tengo la mía —dijo Marilyn—, en mi diario.

Allí de pie, Vicky metió la mano en su bolso y sacó su lista gastada, mostrándosela a la maestra y a sus excompañeros. Cada persona atesoraba esas palabras amables de ánimo que había recibido. Ese es el poder de unas pocas palabras amables.[3]

Pocas cosas se comparan con el efecto carismático de hablar a las vidas de otros. Un gran ejemplo de eso se encuentra en la vida del exprimer ministro británico Winston Churchill. Durante la peor parte de la Segunda Guerra Mundial, Churchill dijo de los ciudadanos de su nación:

> No flaquearemos ni fallaremos [...] Lucharemos en Francia, lucharemos en los mares y los océanos,

> lucharemos con creciente confianza y creciente fuerza en el aire, defenderemos nuestra isla, cueste lo que cueste, lucharemos en las playas, lucharemos en los campos de aterrizaje, lucharemos en los campos y en las calles, lucharemos en las colinas; nunca nos rendiremos...[4]

Churchill no era una persona físicamente imponente. Era bajo y corpulento. Su voz no era particularmente impresionante ni autoritaria. Su expresión era a menudo seria y su carácter, a menudo malhumorado. Sin embargo, irradiaba carisma. ¿Por qué? Porque habló a la vida de toda una nación cuando enfrentaba una amenaza contra su existencia. Inspiró, desafió y motivó al pueblo a mantenerse sereno y seguir adelante contra los nazis. Lo amaban por eso, y estuvieron a la altura de sus expectativas.

Si quieres que las personas te admiren, te respeten y te sigan, habla a sus vidas y saca lo mejor de ellas, no por tu bien sino por el de ellas. No solo se sentirán inspiradas a lograr más de lo que creían posible, sino que también te estarán agradecidas por haberlas desafiado.

CONSTRUYE PUENTES PARA LOS DEMÁS

No habrás vivido hoy hasta que hayas hecho algo por alguien que nunca te lo pueda devolver.

—JOHN BUNYAN

El embajador y poeta Henry Van Dyke observó: «Hay una ambición más elevada que simplemente destacar en el mundo. Es inclinarse y elevar un poco a la humanidad».[1] ¡Qué gran perspectiva! Me gusta pensar en esto como construir puentes para los demás. Cuando construyes un puente, haces posible que las personas vayan a lugares y hagan cosas que, de otro modo, nunca podrían experimentar.

«Hay una ambición más elevada que simplemente destacar en el mundo. Es inclinarse y elevar un poco a la humanidad».

—HENRY VAN DYKE

CÓMO CONVERTIRTE EN UN LÍDER QUE CONSTRUYE PUENTES

Hacer por los demás lo que no pueden hacer por sí mismos es, en realidad, una cuestión de actitud. Creo que todo lo que se me ha dado debería ser compartido con otros. Y como tengo una mentalidad de abundancia, nunca me preocupo por quedarme sin nada. Cuanto más doy, más parece que recibo para poder seguir dando.

No importa lo mucho o lo poco que creas tener, tú tienes la capacidad de construir puentes y hacer por otros lo que no pueden hacer por sí mismos. La manera exacta en que lo hagas dependerá de tus dones, tus recursos y tu historia únicos. Sin embargo, puedes abordar esta tarea pensando en cuatro áreas:

1. PRESENTA A OTROS A PERSONAS QUE NO CONOCERÍAN POR SÍ SOLOS

Mi papá, Melvin Maxwell, hizo muchas cosas increíbles por mí cuando yo crecía. Una de las que más me impactó fue que me presentó a grandes líderes. Cuando era adolescente, conocí a Norman Vincent Peale, E. Stanley Jones y otras grandes personas de fe. Y como ya había declarado mi intención de dedicarme al ministerio, mi papá les pidió a estos grandes predicadores que oraran por mí. No puedo expresar con palabras lo que eso significó para mí.

Hoy en día, a menudo estoy en una posición para hacer por otros lo que mi papá hizo por mí. Me encanta presentarles a los jóvenes a mis héroes. Disfruto ayudando a las personas a hacer conexiones con otros líderes empresariales. Muchas veces, cuando conozco a alguien, dicen algo y simplemente lo siento: *Tengo que presentarle a esta persona a tal o cual.* Eso puede significar caminar con alguien hasta el otro lado del salón, hacer una llamada telefónica en su nombre o concertar una reunión.

Hace varios años, estaba hablando con Anne Beiler, la fundadora de la compañía de pretzels Auntie Anne's, y mencionó de pasada que el fundador de Chick-fil-A, Truett Cathy, era uno de sus héroes. Como yo conocía a Truett, me ofrecí a presentarlos. Organicé una cena para ellos en mi casa, y fue una gran noche.

Por favor, no pienses que necesitas conocer a alguien famoso para ayudar a otros en esta área. A veces es tan sencillo como presentar a un amigo a otro, o a un colega de negocios a otro. Solo haz conexiones. Sé el puente en las relaciones de las personas con los demás.

2. LLEVA A LAS PERSONAS A LUGARES DONDE NO PUEDEN IR POR SÍ SOLAS

Al inicio de nuestro matrimonio, Margaret y yo éramos muy pobres. Recién salidos de la universidad, yo trabajaba largas horas por mi carrera, y Margaret tenía tres empleos para que pudiéramos llegar a fin de mes. Lográbamos sobrevivir, pero no quedaba dinero para lujos como las vacaciones. Afortunadamente, tenía un hermano mayor que nos amaba y cuidaba de nosotros. Durante los primeros cinco o seis años de mi vida profesional, cualquier tiempo de vacaciones que tomamos fue por invitación de Larry y su esposa Anita.

Durante la década siguiente, nuestras oportunidades de ir a nuevos lugares y ampliar nuestros horizontes fueron muy limitadas. Las únicas veces que pude hacer algo valioso para mí fueron porque alguien me invitó. No podría haber asistido a partidos, jugado en ciertos campos de golf, visitado iglesias, asistido a conferencias ni viajado a otros países sin beneficiarme de la amabilidad de otros. Más adelante, cuando Margaret y yo disfrutamos de estabilidad financiera, nos alegró poder llevar a otras personas a lugares donde no habrían podido ir por sí solas.

Puede que tengas la capacidad de darle a alguien una experiencia que le parece inaccesible. Comienza por los miembros de tu propia familia. Lleva a tus hijos a lugares a los que no podrían ir solos. No se puede prever el tipo de impacto positivo que eso puede tener. Si tienes la capacidad, amplía el círculo de personas a quienes ayudas: amigos, empleados y colegas.

3. OFRECE OPORTUNIDADES QUE OTROS NO PUEDEN ALCANZAR POR SÍ SOLOS

En la primera parte de mi carrera profesional, cuando tenía el deseo de expandir mi carrera como conferencista, hubo personas que me ayudaron a llegar a audiencias a las que nunca habría tenido acceso sin su ayuda. Una de esas personas fue el profesor C. Peter Wagner del Seminario Fuller. Hace cuarenta y cinco años me invitó a hablar con pastores de todo el país sobre liderazgo. Me dio la oportunidad de estar en un escenario nacional por primera vez y me otorgó una credibilidad que yo no tenía por mí mismo.

Pocas cosas tienen más valor para una persona preparada que una oportunidad. ¿Por qué? Porque las oportunidades aumentan nuestro potencial. Demóstenes, el gran orador de la antigua Grecia, dijo: «Las pequeñas oportunidades son a menudo el comienzo de grandes empresas».[2] Una oportunidad aprovechada suele ser el impulso hacia el éxito. Ayuda a las personas a triunfar dándoles oportunidades, y triunfarás con ellas.

4. COMPARTE IDEAS QUE OTROS NO DESCUBRIRÍAN POR SÍ SOLOS

¿Cuánto vale una idea? Cada producto comienza con una idea. Cada servicio comienza con una idea. Cada negocio, cada libro, cada nuevo invento comienza con una idea. Las ideas son lo que hace avanzar al mundo; por lo tanto, cuando le das una idea a alguien, le das un gran regalo. Puede que estés ayudándole a crear un puente hacia un futuro mejor.

Una de las cosas que más me gusta de escribir libros es el proceso por el que paso. Normalmente comienza con un concepto que me emociona enseñar. Anoto algunas ideas en papel y luego convoco a un grupo de pensadores creativos para que me ayuden a probar el concepto, generar ideas y desarrollar un esquema. Cada vez que hemos hecho esto, la gente me ha dado grandes ideas que yo nunca habría imaginado por mí mismo. Tengo que decir que estoy muy agradecido.

> **«Las pequeñas oportunidades son a menudo el comienzo de grandes empresas».**
>
> **—DEMÓSTENES**

Una de las cosas que más disfruto de las personas creativas es que aman las ideas y siempre parecen tener más. Cuantas más ideas comparten, más nuevas ideas parecen surgir. La creatividad y la generosidad se alimentan entre sí. Por eso nunca dudo en compartir ideas con los demás. Estoy convencido de que se me acabará el tiempo mucho antes que las ideas. Es mejor regalar algunas y contribuir al éxito de otra persona que tenerlas latentes dentro de mí.

Vivimos en un mundo donde la gente prefiere construir muros en lugar de puentes. Prefiere dividir a las personas en lugar de unirlas. Cuando te conviertes en un líder que construye puentes, realmente destacas entre la multitud porque demuestras que estás más interesado en ayudar a los demás que en ayudarte a ti mismo. Qué cualidad tan atractiva es esa.

PARTE 3

SER INTERESANTE PARA LAS PERSONAS

HAZ TODO CON EXCELENCIA

Hago lo mejor que sé, lo mejor que puedo;
y seguiré haciéndolo hasta el final.

—ABRAHAM LINCOLN

Durante años me han invitado a ser el orador principal en eventos especiales organizados por diferentes instituciones. Es algo que realmente disfruto. Comunicarme con una audiencia me llena de energía. Sería fácil para mí «improvisar» o repetir un discurso ya hecho que haya dado en otro lugar. Pero no lo hago porque no sería lo mejor para ellos. En lugar de eso, paso tiempo investigando sobre la organización. Averiguo todo lo que puedo acerca del evento que han planeado y lo que desean lograr. ¿Por qué me esfuerzo tanto si no necesariamente tendría que hacerlo? Lo hago porque tengo un objetivo cada vez que hablo. No solo quiero que la audiencia se vaya sintiéndose informada e inspirada; también quiero que la persona que me invitó a hablar en el evento diga: «Superaste nuestras expectativas». Quiero darles lo mejor, y un poco más.

Admiro y me siento atraído por las personas que son excelentes en lo que hacen, ¿tú no? No importa si la persona es excelente en liderazgo, pintura, cocina, deportes, carpintería, escultura, canto o finanzas. Una persona que perfecciona su talento al máximo de su capacidad y lo usa para beneficiar a otros tiene carisma.

CÓMO DAR LO MEJOR DE TI CADA VEZ

Tal vez tú eres alguien que ya tiene una mentalidad de ofrecer siempre lo mejor. Haces todo lo que importa con excelencia. Si es así, te felicito y quiero animarte a mantener esa actitud. Si no, quiero ayudarte. Abraza estas cuatro verdades para ayudarte a mejorar:

1. CADA DÍA MERECE TU MEJOR ESFUERZO

Hace más de treinta años memoricé una cita que ha moldeado la manera en que vivo: «Mi potencial es el regalo de Dios para mí. Lo que yo hago con mi potencial es mi regalo para Él». Creo que soy responsable ante Dios, ante los demás y ante mí mismo por cada don, talento, recurso y oportunidad que tengo en la vida. Si doy menos de lo mejor de mí, estoy evadiendo mi responsabilidad.

El entrenador de baloncesto de UCLA, John Wooden, era famoso por su dedicación al crecimiento personal y su alto estándar de excelencia en todo lo que hacía. Lo practicaba en su vida personal, lo integraba en su rutina de entrenamiento y lo inculcaba en sus jugadores. Uno de sus dichos favoritos era: «Haz de cada día una obra maestra».[1]

«Mi potencial es el regalo de Dios para mí. Lo que yo hago con mi potencial es mi regalo para Él».

Ese es un gran objetivo para cada uno de nosotros. Si damos lo mejor de nosotros todo el tiempo, podemos hacer de nuestras vidas algo especial. Y eso se desbordará en la vida de los demás.

2. TODOS MERECEN LO MEJOR DE TI

Es más probable que demos lo mejor de nosotros a quienes amamos y respetamos. Cuando pienso en mis días en la escuela, recuerdo que amaba a algunos maestros y que otros me dejaban indiferente. Siempre daba lo mejor de mí para los maestros que me agradaban, y para los otros solo hacía lo necesario con el fin de obtener una calificación. Más adelante, me di cuenta de que mis esfuerzos intermitentes frecuentemente dañaban mis relaciones con otros, así como mi potencial de éxito. Pero luego descubrí el antídoto: si veía a *todos* como importantes, no solo a las personas que más me agradaban, siempre ofrecería lo mejor de mí. Ese cambio de actitud provocó un cambio en mis acciones.

Ya lo he dicho antes, pero vale la pena repetirlo. Todos tienen valor y merecen ser valorados. Cuando mantenemos esto en mente, es más probable que tratemos a los demás con el respeto que merecen y les demos lo mejor de nosotros.

3. CUALQUIER COSA ORDINARIA PUEDE VOLVERSE EXTRAORDINARIA CON EXCELENCIA

La mayoría de los momentos en la vida se vuelven especiales solo si los tratamos como tales. Un día promedio es promedio solo porque no lo convertimos en algo más. La mejor manera de elevar una experiencia es dar lo mejor de nosotros. Eso la hace especial. Una conversación común se vuelve algo mejor cuando escuchas con gran interés. Una relación común se transforma cuando le das un esfuerzo poco común. Un evento sin brillo se vuelve algo especial cuando lo llenas de creatividad. Puedes hacer que cualquier cosa sea más importante si le das lo mejor de ti.

¿Qué tareas ordinarias puedes mejorar haciéndolas con excelencia? ¿Puedes convertir el trayecto a la escuela con tus hijos en algo especial para ellos? ¿Puedes transformar una reunión de equipo, que normalmente sería tediosa, en una experiencia que agregue valor a los asistentes? ¿Puedes pasar tiempo preparando preguntas espectaculares para tu mentor, de modo que el tiempo juntos se vuelva transformador para ambos? Si usas tu creatividad para hacer extraordinarias estas cosas, las personas a las que influencies lo recordarán por mucho tiempo.

4. ACTUAR CON EXCELENCIA TE HACE SER EXTRAORDINARIO

En tus actividades cotidianas, ¿con qué frecuencia las personas con las que interactúas dan lo mejor de sí mismas? Si vas a comer a un restaurante, ¿en qué porcentaje de las veces tu camarero es extraordinario? ¿Una de cada diez? ¿Una de cada veinte? ¿Y la comida? Seamos sinceros: muchas personas se conforman con lo promedio. Dan solo lo suficiente para salir del paso, y nada más. Sin embargo, cuando te encuentras con alguien que hace su trabajo con excelencia, ya sea que trabaje como camarero, cajero de banco, carpintero, tintorero o en servicio al cliente, esa persona realmente se destaca como alguien extraordinario. Mantente tú también en ese mismo estándar alto de excelencia en lo que haces, especialmente en tu liderazgo, y también te destacarás.

Hay una historia que me encanta acerca del presidente Dwight Eisenhower. Una vez le dijo al Club Nacional de

Prensa que lamentaba no tener una mejor preparación política, lo que le habría permitido ser un mejor orador. Dijo que su falta de habilidad en esa área le recordaba sus días de infancia en Kansas, cuando un viejo granjero tenía una vaca a la venta. El comprador le preguntó al granjero sobre el pedigrí de la vaca, la producción de grasa butírica y la cantidad mensual de leche. El granjero respondió: «No sé qué es un pedigrí, ni tengo idea de la grasa butírica, pero es una buena vaca, y te dará toda la leche que tenga». Eso es todo lo que cualquiera de nosotros puede hacer: dar todo lo que tenemos. Eso siempre es suficiente. Y siempre es atractivo.

SÉ UNA PERSONA GENEROSA

La pregunta más persistente y urgente de la vida es: ¿Qué estás haciendo por otros?

—MARTIN LUTHER KING JR.

Una de las cualidades más atractivas que puede tener un líder es la generosidad. Cuando alguien da a otros sin condiciones, realmente los hace sentir especiales. El teólogo jesuita Pierre Teilhard de Chardin dijo: «Lo más satisfactorio en la vida es haber podido dar una gran parte de uno mismo a otros».

Cualquiera que haya ayudado desinteresadamente a otra persona sabe que eso es cierto; sin embargo, no todos logran adoptar una mentalidad constante de dar a los demás. ¿Por qué sucede esto? En primer lugar, creo que no tiene nada que ver con las circunstancias. He conocido a personas generosas que casi no tenían nada y aun así estaban dispuestas a compartir lo poco que poseían. Y he conocido a personas ricas que eran tacañas con su tiempo, su dinero y sus talentos. El problema realmente es de actitud.

EL SECRETO DE SER GENEROSO

Dado que la generosidad es un asunto de actitud, y la actitud es una elección, eso significa que cualquiera puede volverse generoso si tiene ese deseo. Tú puedes convertirte en un líder generoso, lo cual no solo beneficiará a todas las personas que lideras, sino que también te hará más atractivo como líder. ¿Quién no se siente atraído por una persona genuinamente generosa que da sin condiciones?

He descubierto que la generosidad en las personas casi siempre se reduce a tres características. Te animo a adoptarlas.

1. ADOPTA UNA MENTALIDAD DE ABUNDANCIA

Si has leído el libro *Los 7 hábitos de la gente altamente efectiva* de Stephen Covey, entonces estás familiarizado con los conceptos relacionados con las mentalidades de escasez y de abundancia. En resumen, las personas con una mentalidad de escasez creen que en la vida solo hay una cantidad limitada de todo: dinero, recursos, oportunidades, etc. Ven el mundo como un pastel con un número limitado de porciones. Una vez que esas porciones se acaban, se acabaron. Como resultado, las personas con mentalidad de escasez luchan por obtener su porción y, una vez que la tienen, la protegen. Si esas personas además son particularmente codiciosas y poderosas, puede que intenten quedarse con *todas* las porciones.[1]

Las personas que poseen una mentalidad de abundancia piensan de modo muy diferente. Creen que hay suficiente de todo para todos. Si la vida es un pastel y otros están sirviéndose porciones, la solución de la persona con mentalidad de abundancia es encontrar u hornear otro pastel. Siempre hay maneras adicionales de ganar dinero, más o diferentes recursos por descubrir y utilizar, oportunidades adicionales que perseguir. ¿Una solución antigua ya no funciona? No te preocupes: alguien encontrará una nueva. ¿Un recurso natural se está agotando? No hay problema: una persona creativa pensará en una nueva manera de hacer las cosas que no requiera ese recurso en absoluto. Los inventores, emprendedores y exploradores del mundo están creando constantemente nuevos «pasteles» para que todos puedan tener una porción.

Las personas que dan habitualmente sin condiciones casi siempre tienen una mentalidad de abundancia. Son generosas porque creen que si dan, no se quedarán sin recursos. El pastor y exprofesor universitario Henri Nouwen afirmó: «Cuando nos abstenemos de dar, con una mentalidad de escasez, lo poco que tenemos se volverá menos. Cuando damos generosamente, con una mentalidad de abundancia, lo que damos se multiplicará».

He comprobado que esto es verdad. Alguien me preguntó una vez por qué debería adoptar una mentalidad de abundancia, y se sorprendió con mi respuesta. Le dije que, si crees en la abundancia, eso es lo que la vida te dará. Si crees en la escasez, eso es lo que obtendrás. No sé por qué es así, pero después de sesenta años prestando atención a las actitudes de las personas y observando cómo se desarrollaba su vida, sé que eso es cierto. Por lo tanto, si deseas ser más generoso, cambia tu forma de pensar y tu actitud con respecto a la abundancia. No solo te permitirá ser más generoso, sino que también cambiará tu vida.

«Cuando nos abstenemos de dar, con una mentalidad de escasez, lo poco que tenemos se volverá menos. Cuando damos generosamente, con una mentalidad de abundancia, lo que damos se multiplicará».

—HENRI NOUWEN

2. CONVIÉRTETE EN CREADOR EN LUGAR DE TOMADOR

¿Dónde enfocas tu atención? ¿Con qué mentalidad enfrentas cada día? He observado que las personas salen al mundo cada mañana con una de dos intenciones: tomar o crear. Hay una gran diferencia entre ambas.

Los tomadores son personas que toman, agarran y consumen todo lo que pueden para satisfacer sus propias necesidades. Buscan tener ventaja sobre otros. Aplastan a los demás para conseguir el mejor trato. Toman sin pensar en devolver. Los peores tomadores engañan a otros o les roban. Ven la vida como una carrera de ratas. Por supuesto, el principal problema con eso es que, incluso si ganas, sigues siendo una rata.

Los creadores, en cambio, son personas que dan, crean, y hacen que las cosas sucedan. Buscan maneras de añadir valor a otros. Les gusta un trato justo, pero quieren dar primero. Su enfoque está en los demás y en asegurarse de que *ellos* reciban un trato justo primero. Se enfocan en crear progreso para su equipo, sus colegas y su organización. Desean y fomentan el éxito de los demás. Quieren crear más para todos.

¿Cuál de ellos eres tú: creador o tomador? Cuando comienza tu día, ¿te enfocas en las semillas que estás sembrando? ¿O solo te importa la cosecha que estás recogiendo? Para ser una persona generosa, enfócate en sembrar y recibirás una cosecha a su debido tiempo. Y aquellos con quienes lideras estarán felices de trabajar contigo.

3. MIRA EL CUADRO GENERAL

Las personas que dan a los demás suelen ser conscientes de la ayuda que *ellas mismas* han recibido en el camino.

Reconocen que están de pie sobre los hombros de generaciones anteriores. El progreso que logran se debe, al menos en parte, al trabajo y sacrificio de quienes vinieron antes. Por eso, están decididas a hacer por la siguiente generación lo que se hizo por ellas.

Hace muchos años encontré un poema de Will Allen Dromgoole titulado «El constructor de puentes». Siempre me ha encantado porque ilustra de manera hermosa el deseo de un líder de ser generoso y hacer del mundo un lugar mejor para quienes lo siguen:

> Un anciano iba por un camino solitario,
> Llegó, al atardecer gris y frío,
> A un abismo vasto, profundo y ancho,
> Por el que fluía una corriente sombría.
> El anciano cruzó en la penumbra del crepúsculo,
> La corriente sombría no le daba miedo;
> Pero se volteó al llegar al otro lado
> Y construyó un puente sobre la corriente.
>
> «Anciano», dijo un peregrino que pasaba,
> «Estás desperdiciando tu fuerza construyendo aquí;
> Tu viaje terminará con el día que termina,

Nunca volverás por este camino;
Ya cruzaste el abismo, profundo y ancho,
¿Por qué construir este puente al caer la tarde?».

El constructor alzó su vieja y canosa cabeza:
«Buen amigo, en el camino que he seguido», dijo,
«Hoy venía detrás de mí
Un joven cuyos pies deben pasar por aquí.
Este abismo, que no fue nada para mí,
Podría ser una trampa para ese joven de cabello
dorado;
Él también debe cruzar en la penumbra del
crepúsculo;
Buen amigo, ¡estoy construyendo este puente
para él!».[2]

Para convertirnos en mejores dadores, necesitamos más perspectiva. Cuando nos damos cuenta de cuánto hemos sido beneficiados por la bondad de otros, se vuelve mucho más fácil ser generosos.

Una de las mejores cosas de ser una persona generosa es que resulta profundamente gratificante. El rector universitario y reformador educativo Horace Mann comentó:

«Debemos ser intencionalmente amables y generosos o perderemos la mejor parte de la existencia. El corazón que se entrega crece y se llena de alegría. Ese es el gran secreto de la vida interior. Nos hacemos el mayor bien a nosotros mismos cuando hacemos algo por los demás».[3]

CONVIÉRTETE EN UN BUEN NARRADOR

El universo está hecho de historias, no de átomos.

—MURIEL RUKEYSER

Soy un gran admirador del presidente Abraham Lincoln. ¡Qué gran líder! He leído que la «élite» de su tiempo a menudo lo criticaba por contar demasiadas historias. Lo consideraban poco sofisticado. Sin embargo, él no dejó que esa opinión lo detuviera, porque sabía qué conectaba con las personas y las conmovía. Lincoln comentó: «Dicen que cuento muchas historias; supongo que es cierto, pero he descubierto, a lo largo de una dilatada experiencia, que la gente común, tal como es, recibe mejor la información a través de una ilustración amplia que de cualquier otra manera, y en cuanto a lo que piensen unos pocos hipercuidadosos, no me importa».[1]

Como la mayoría de las personas, valoro mucho las buenas historias y a quienes las cuentan bien. Las he estudiado y he aprendido tanto como he podido de ellas. En el otoño de 1999, Margaret y yo llevamos a unos amigos al pequeño pueblo de Jonesborough, Tennessee, para asistir al Festival Nacional de Cuentacuentos. Más de siete mil personas de todo el país, muchas con un gasto considerable, fueron allí para sentarse durante horas sobre mantas, en sillas plegables, a veces incluso bajo la lluvia, para escuchar a algunos de los mejores narradores de historias del país.

Durante varios días, observamos a un narrador tras otro cautivar a su audiencia. Las historias eran diversas: tristes, felices, chistosas, emotivas, históricas, ficticias, míticas. Algunas tenían un gran mensaje; otras simplemente entretenían. Pero todas las historias y todos los narradores tenían algo en común: poseían la capacidad de cautivar a sus oyentes.

Al final del festival, mis amigos y yo conversamos sobre por qué estos narradores eran tan eficaces. «¿Qué cualidades tenían que los hacían tan exitosos?», nos preguntamos. Esta fue la lista que elaboramos:

- **Entusiasmo.** Disfrutaban lo que hacían y se expresaban con alegría y vitalidad.
- **Animación.** Las presentaciones se caracterizaban por movimientos enérgicos, expresiones faciales y gestos.
- **Participación del público.** Casi todos los narradores involucraban al público de alguna manera, pidiendo

a los oyentes que cantaran, aplaudieran, repitieran frases o hicieran señas.

- **Espontaneidad.** Los narradores adaptaban su comunicación a los oyentes.
- **Memorización.** Contaban sus historias sin notas, lo cual les permitía mantener el contacto visual.
- **Humor.** Casi todos los narradores incorporaban el humor incluso en historias serias o tristes.
- **Creatividad.** Comunicaban temas clásicos, pero los presentaban desde una perspectiva novedosa.
- **Personal.** La mayoría de los narradores usaban la primera persona para hacer sus historias más inmediatas.
- **Conmovedor.** Sus historias hacían que las personas se sintieran bien al escucharlas.

Contar historias es muy eficaz en conversaciones individuales, en grupos pequeños y ante grandes audiencias. Invariablemente, la persona que cuenta las mejores historias es a quien los demás prestan atención. Los buenos narradores de historias son carismáticos. Los grandes narradores de historias son magnéticos.

CÓMO CONTAR UNA BUENA HISTORIA

Contar historias es una herramienta importante para los líderes. Es una habilidad que se desarrolla con la práctica y, por suerte, cualquiera puede aprenderla. Si no tienes mucha experiencia o deseas mejorar, permíteme darte algunos consejos:

CUENTA ALGO QUE HAYAS EXPERIMENTADO

Las historias que mejor contamos son las que hemos vivido. Nos importan, conocemos el contenido, y sabemos cómo nos han influenciado. Y al ser nuestras, podemos moldearlas y adornarlas como queramos. Todos han tenido experiencias que pueden interesar a otros.

Las historias que mejor contamos son las que hemos vivido.

Piensa en los momentos de tu vida en los que sucedió algo dramático, aterrador, emotivo o divertido. ¿Cuál fue el momento de suspenso en el centro de la historia? ¿Qué necesitas decir para prepararlo? ¿Cuál es el final o el desenlace? Toda la historia debe construirse en torno a eso. Una vez que hayas reflexionado sobre estas ideas, comienza a trabajar en cómo contarla. Las mejores historias transmiten lo necesario con estilo y emoción, y omiten lo innecesario.

Una vez que creas tener un enfoque para contar la historia, pruébala con alguien. Observa cómo reacciona. ¿En qué parte estuvo más involucrado? Si comenzó a perder el interés, ¿en qué parte de la historia ocurrió? ¿Reaccionó al remate como esperabas? Haz ajustes y cuéntala de nuevo. Sigue mejorándola y contándola a nuevas personas hasta obtener el resultado que deseas. La forma de convertirse en un buen narrador es comenzar siendo uno malo y seguir trabajando para mejorar.

CUENTA HISTORIAS CON EL OBJETIVO DE CONECTAR

Las personas que más dificultades tienen para contar historias son aquellas que intentan impresionar a los demás. Si ese es tu caso, cambia tu objetivo. Impresionar a la gente es difícil. En lugar de eso, cuenta historias con el propósito de conectar con las personas. Pon el enfoque en el oyente, y tus habilidades para contar historias mejorarán de inmediato.

PONLE CORAZÓN

A la gente le gusta el humor, pero no todos saben contar una historia chistosa. Si puedes, hazlo. Pero nunca subestimes el poder de una historia que sale del corazón. Si necesitas pruebas, mira las cifras de ventas de los libros *Sopa de pollo para el alma*. Casi cualquiera puede contar una historia que conecte emocionalmente. Si quieres contar una historia que conecte, haz que sea cercana. Ponle corazón. Y no tengas miedo de mostrarle a la gente que te importa lo que estás diciendo.

SUPÓN QUE LOS DEMÁS QUIEREN ESCUCHARLA

Uno de los mayores errores que cometen los narradores novatos es ser demasiado tímidos. Nada hace que una historia pierda fuerza más rápidamente que una narración insegura. Si vas a contar una historia, hazlo con valentía. Sé enérgico. Sé cautivador. Ve con todo, o mejor no lo hagas.

Las buenas historias pueden ser largas o breves, reales o ficticias, personales o universales. Me encanta contar historias breves que tengan una de estas cuatro cosas: corazón, esperanza, humor o ayuda. También me encanta narrar relatos elaborados sobre aventuras que he vivido, como cuando logré que me dejaran jugar en el Old Course de Escocia sin tener una hora programada. O la historia de cómo animé a mi sobrino Eric a anotar su primer jonrón en béisbol en la liga infantil.

El pintor Benjamin West solía contar una historia sobre su infancia. Decía que, cuando su mamá salía de la casa, él sacaba los óleos e intentaba pintar. Un día, sacó pinturas, pinceles, papel y otros materiales, y armó un desastre terrible. Cuando se dio cuenta de que su mamá estaba a punto de regresar, trató desesperadamente de limpiarlo todo, pero no lo logró. Cuando ella entró en la habitación, él se preparó para lo peor.

Pero, decía West, lo que su mamá hizo a continuación lo sorprendió por completo. Tomó su pintura, la miró y dijo: «Vaya, qué hermoso retrato de tu hermana». Le dio un beso en la mejilla y se fue. Con ese beso, decía West, se convirtió en pintor.[2]

¿Qué historias puedes contar para conectar con las personas, ayudarlas e inspirarlas? Cuanto mejor seas al contar historias, más te ayudará a comunicarte con los demás y guiarlos. A través de las historias puedes transmitir visión, aliviar tensiones, enseñar habilidades, unir a la gente y construir organizaciones. Los grandes narradores de historias son cercanos, encantadores y carismáticos. Esfuérzate por convertirte en uno así.

AYUDA A LAS PERSONAS A GANAR

La medida más importante de si jugué bien un partido era si había hecho jugar mejor a mis compañeros de equipo o no.

—BILL RUSSELL, GANADOR DE MÁS CAMPEONATOS DE LA NBA QUE NINGÚN OTRO JUGADOR

¿Cuál es la mejor manera de conectar con las personas, generar empatía con ellas, y lograr que te consideren agradable? ¡Ayúdalas a ganar! A todo el mundo le gusta ganar, y todos aprecian a quienes los ayudan a lograrlo.

En el capítulo anterior mencioné que solía contar una historia sobre cómo ayudé a mi sobrino Eric a anotar su primer jonrón en la liga infantil de béisbol. En las conferencias, dedicaba diez minutos enteros a relatar cómo Eric se quedó petrificado frente a Butch, el lanzador, y dejó pasar tres *strikes* sin ni siquiera mover el bate. Se fue cabizbajo. Me acerqué a él, lo animé, y le expliqué que su única tarea era mover el bate. En su tercer turno al bate, Eric lo hizo, y por accidente logró un *hit*. Por supuesto, lo guie por todas las bases y me deslicé en el *home plate* con él.

Bueno, quizás adornaba un poco la historia cuando la contaba. Pero esto es verdad: realmente conectó con la pelota, realmente le dije que siguiera corriendo, y realmente anotó. Y además, se enamoró del béisbol y lo jugó durante toda su niñez. Y cuando terminó la escuela secundaria, hizo un esfuerzo por venir a visitarme, recordar aquel primer juego, y darme la noticia de que iría a la universidad con una beca de béisbol. Y me dio el crédito por haber sido una pequeña parte de ese logro. Eso realmente tocó mi corazón.

LO NECESARIO PARA AYUDAR A OTROS A GANAR

Ayudar a otra persona a ganar es una de las mejores sensaciones del mundo. Todavía no he conocido a nadie a quien no le guste ganar. Y todos los que conozco que se han esforzado por ayudar a otros dicen que es la parte más gratificante de la vida. Como dijo el poeta Ralph Waldo Emerson: «Una de las más hermosas compensaciones de la vida es que nadie puede ayudar sinceramente a otro sin ayudarse a sí mismo».[1]

> «Una de las más hermosas compensaciones de la vida es que nadie puede ayudar sinceramente a otro sin ayudarse a sí mismo».
>
> —RALPH WALDO EMERSON

Si quieres ayudar a las personas a ganar, puedes hacerlo practicando los siguientes pasos:

CREE EN LAS PERSONAS

Si quieres ayudar a las personas a ganar, tienes que creer en ellas, y tienes que creer que pueden hacerlo. En una ocasión, se me acercó un hombre después de una conferencia de liderazgo y me hizo una pregunta directa: «¿Cómo consigo resultados increíbles de una persona?». Mi respuesta: «Ten expectativas increíbles sobre esa persona».

Si no crees en las personas, es poco probable que hagas todo lo posible para ayudarlas a ganar. Las personas saben cuándo alguien no cree en ellas. Ven a través de la apariencia y los halagos poco sinceros. Pero cuando saben que realmente crees en ellas, comienza a suceder algo mágico. Lo que dijo el escritor John Spalding es cierto: «Quienes creen en nuestra capacidad hacen más que motivarnos. Crean para nosotros un ambiente en el que se hace más fácil tener éxito».

DA ESPERANZA A LAS PERSONAS

Un periodista le preguntó al primer ministro Winston Churchill, quien lideró a Gran Bretaña durante la Segunda Guerra Mundial, cuál fue el arma más poderosa que tenía su país contra el régimen nazi de Hitler. Sin dudar ni un segundo, Churchill respondió: «Es lo que siempre ha sido el arma más poderosa de Inglaterra: la esperanza».

Esperanza es una de las palabras más poderosas y vigorizantes del idioma español. Es algo que nos da fuerza para seguir adelante en los tiempos más difíciles. Y ese poder nos llena de entusiasmo y anticipación mientras miramos hacia el futuro.

Se ha dicho que una persona puede vivir cuarenta días sin comida, cuatro días sin agua, cuatro minutos sin aire, pero solo cuatro segundos sin esperanza. Si quieres ayudar a las personas a ganar, conviértete en un proveedor de esperanza.

ENFÓCATE EN EL PROCESO, NO SOLO EN LA VICTORIA

Muchos de nosotros deseamos tanto la victoria que olvidamos lo que se necesita para alcanzarla. Somos como el niño que juega ajedrez con su abuelo. Cuando pierde, dice:

—¡Oh, no! ¡Otra vez no! ¡Abuelito, tú siempre ganas!

—¿Qué quieres que haga, que pierda a propósito? —responde el anciano—. ¡No aprenderás nada si hago eso!

—¡No quiero aprender nada! —dice el niño—. ¡Solo quiero ganar!

Así nos sentimos muchas veces, pero seamos sinceros. Sabemos que la mayoría de los grandes logros son difíciles y se obtienen con esfuerzo; por eso, debemos estar dispuestos a permanecer al lado de otros y ayudarlos hasta que alcancen la victoria. Al hacerlo, no solo los ayudamos a ganar, sino que también los estamos enseñando y dándoles las herramientas para lograr futuras victorias. Es como el viejo dicho: para alimentar a alguien por un día, dale un pez. Para alimentarlo toda la vida, enséñalo a pescar. Y lo único más dulce que una victoria es la capacidad de lograr muchas.

ENTIENDE QUE, CUANDO AYUDAS A OTROS A GANAR, TÚ TAMBIÉN GANAS

En 1984, Lou Whittaker lideró el primer equipo completamente estadounidense en alcanzar la cima del monte Everest. Después de meses de esfuerzo agotador, cinco miembros del equipo llegaron al último campamento a más de ocho mil doscientos metros de altura. Con seiscientos metros más por recorrer, se reunieron en una tienda abarrotada. Whittaker tenía una decisión difícil que tomar: sabía cuán motivados estaban los cinco escaladores por llegar al punto más alto del mundo; pero dos de ellos tendrían que regresar al campamento anterior, cargar comida, agua y oxígeno, y luego volver al campamento en el que se encontraban. Después de cumplir con esta tarea de apoyo, estos dos escaladores no estarían en condiciones de intentar llegar a la cima. Los otros descansarían en la tienda ese día, beberían agua, respirarían oxígeno, y se prepararían para el ascenso final al día siguiente.

La primera decisión de Whittaker fue quedarse en el campamento de los ocho mil doscientos metros para coordinar las actividades del equipo. La siguiente fue enviar a los dos escaladores más fuertes montaña abajo a buscar provisiones; era la tarea más difícil. Los dos escaladores más débiles descansarían, recuperarían fuerzas, y recibirían la gloria de llegar a la cima.

Cuando le preguntaron por qué no se asignó a sí mismo el ascenso final, su respuesta mostró su comprensión de las personas y la fortaleza de su liderazgo. Dijo: «Mi tarea era poner a otros en la cima».

Whittaker entendía que, cuando las personas toman las decisiones correctas, eligiendo ayudar a todo el equipo a lograr su objetivo, todos ganan. No puedes evitar ganar cuando ayudas a otros a ganar.

CONCLUSIÓN

Conecta con carisma

Aquí las tienes: 21 habilidades que puedes usar para conectar con las personas. Apréndelas, practícalas, y disfruta de sus beneficios. Cuando te intereses por las personas, inviertas en ellas y resultes interesante para ellas, aumentarás tu influencia, tu efectividad y tu impacto como líder.

Quiero recordarte que uses estas habilidades con las motivaciones correctas. Nunca las utilices para manipular a otros o salirte con la tuya. Si tu objetivo es aparentar más de lo que eres o escalar posiciones, has perdido de vista el propósito. Usa estas habilidades solamente para motivar a otros en beneficio de ellos y para una ventaja mutua. Si tu meta es siempre ayudar a las personas y guiarlas mejor, el carisma será el resultado natural.

NOTAS

INTRODUCCIÓN

1. Mrs. C. B. Klein, «Entrance Exam», *The Reader's Digest*, Volumen 74 (1959), p. 54, https://archive.org/details/dli.bengal.10689.12240/page/n517/mode/2up?q=entrance.

CAPÍTULO 1: ENFOCA TU ATENCIÓN EN LOS DEMÁS

1. John C. Maxwell, *Cómo ganarse a la gente* (Nashville: Grupo Nelson, 2005), p. 84.
2. Zig Ziglar, «Everyone's Definition of Success», Creators Syndicate, 15 junio 2022, https://www.creators

.com/read/classic-zig-ziglar/06/22/everyones-definition-of-success-b0a94.

CAPÍTULO 2: CREE LO MEJOR DE LOS DEMÁS

1. Sal Marino, «Teams Are the Best Way to Highlight Stars», IndustryWeek Straight Talk, 21 diciembre 2004, https://www.industryweek.com/talent/article/21946936/straight-talk.
2. Juan 8:9.
3. John G. Bennett, *The Crisis of Human Affairs* (Londres: Hodder and Stoughton, 1948).
4. David Augsburger, *Caring Enough to Forgive* (Raleigh, NC: Regal Books, 1981), p. 98.
5. Martin Luther King Jr., *La fuerza de amar* (Barcelona: Editorial Argos Vergara, 1978), p. 22.

CAPÍTULO 3: AÑADE VALOR A LAS PERSONAS

1. Leslie T. Giblin, *How to Have Confidence and Power in Dealing with People* (Hoboken, NJ: Penguin, 1985), p. 32 [*Confianza y poder: Cambia tu forma de tratar a los demás y alcanza todo lo que te propongas* (Taller del Éxito, 2020)].

2. Sydney J. Harris, *Strictly Personal* (Washington, DC: Regnery Publishing, 1953), p. 30.

CAPÍTULO 4: ANIMA A LOS DEMÁS CADA VEZ QUE LOS VEAS

1. Leila Zenderland, *Measuring Minds: Henry Herbert Goddard and the Origins of American Intelligence Testing* (Cambridge: Cambridge University Press, 1998).
2. Jerry Kramer, ed., *Lombardi: Winning Is the Only Thing* (Nueva York: World Publishing Company, 1976).
3. Ibíd.
4. National Archives, «From Benjamin Franklin to John Paul Jones, 5 July 1780», consultado 8 octubre 2024, https://founders.archives.gov/documents/Franklin/01-33-02-0018.

CAPÍTULO 5: RECUERDA LOS NOMBRES DE LAS PERSONAS

1. Dwight Garner, «Classic Advice: Please, Leave Well Enough Alone», *New York Times*, 5 octubre 2011, https://www.nytimes.com/2011/10/05/books/books-of-the-times-classic-advice-please-leave-well-enough-alone.html.
2. Dale Carnegie, *Cómo ganar amigos e influir sobre las personas* (Taller del Éxito, 2022), p. 37.

3. William Shakespeare, *Otelo,* acto 3, esc. 3, p. 129 [*Othello* (Ediciones Cátedra, 2005)].
4. Harry Lorayne y Jerry Lucas, *El libro de la memoria* (Barcelona: Bruguera Divulgación, 1975).

CAPÍTULO 6: APRENDE QUÉ ES IMPORTANTE PARA LAS PERSONAS

1. Florence Littauer, *Enriquezca su personalidad* (Miami: Editorial Unilit, 1992).
2. J. Fred Bucy, *Dodging Elephants: The Autobiography of J. Fred Bucy*, ed. Kenneth R. Martin (Indianapolis, IN: Dog Ear Publishing, 2014).

CAPÍTULO 7: ESCUCHA CON UN CORAZÓN ABIERTO

1. Woodrow Wilson, «Leaders of Men», en *Woodrow Wilson: The Essential Political Writings*, ed. Ronald J. Pestritto (Lanham, MD: Lexington Books, 2005), pp. 211-230.
2. Herb Cohen, *Todo es negociable* (Barcelona: Editorial Planeta, 1983), p. 124.
3. Michael Abrashoff, *It's Your Ship: Management Techniques from the Best Damn Ship in the Navy* (Nueva York: Grand Central, 2012), p. 43 de 213, Kindle.

4. David D. Burns. AZQuotes.com, Wind and Fly LTD, 2024. https://www.azquotes.com/author/38006-David_D_Burns, consultado el 4 noviembre 2024.
5. David D. Burns. AZQuotes.com, Wind and Fly LTD, 2024. https://www.azquotes.com/quote/1403625, consultado 4 noviembre 2024.

CAPÍTULO 9: EXPRESA LO MUCHO QUE VALORAS A ALGUIEN

1. «Mary Kay Global», MaryKay.com, consultado 14 junio 2024, https://www.marykay.com/en-us/about-mary-kay/mary-kay-around-the-world.
2. Willard Scott, *Willard Scott's Down Home Stories* (Nueva York: Bobbs-Merrill, 1984), p. 96.
3. Capitán D. Michael Abrashoff, *It's Your Ship* (Nueva York: Warner Books, 2002), p. 146.
4. Charlie Wetzel, conversación con el autor.

CAPÍTULO 10: SÉ RÁPIDO PARA AYUDAR A LOS DEMÁS

1. Zig Ziglar, *Zig Ziglar's Secrets of Closing the Sale* (Old Tappan, NJ: Fleming H. Revell, 1984), p. 22 [*Secretos para cerrar la venta* (Taller del Éxito, 2020)].

2. Frank Darabont, *Walking the Mile: A Behind-the-Scenes Documentary*, dirigido por Constantine Nasr (Burbank, CA: Warner Home Video, 2000).
3. Belden Lane, «Rabbinical Stories», *Christian Century*, 98, núm. 41 (16 diciembre 1981).
4. Ken Sutterfield, *The Power of an Encouraging Word* (Green Forest, AR: New Leaf, 1997), p. 106.

CAPÍTULO 11: INVITA A LAS PERSONAS A UNIRSE A TU EQUIPO

1. Woodrow Wilson, «How It Feels to Be President», discurso ante el National Press Club en Washington, *The Independent* 77, 20 marzo 1914.
2. Lyndon B. Johnson, «About», LBJ Foundation, consultado el 9 octubre 2024, https://www.lbjaward.org/about.html.
3. Charles Schulz, *Peanuts*, 1 febrero 1987, https://peanuts.fandom.com/wiki/February_1987_comic_strips.
4. Warren Bennis, *Managing People Is Like Herding Cats* (Provo, UT: Executive Excellence Publishing, 1997), p. 98.
5. Thomas J. Neff y James M. Citrin, *Lessons from the Top* (Nueva York: Currency/Doubleday, 2001), p. 273.

CAPÍTULO 12: ALIENTA LOS SUEÑOS DE LOS DEMÁS

1. Candice Bergen, *Knock Wood* (Nueva York: Simon and Schuster, 2014), p. 155.
2. Benjamin Franklin, *Legendary Quotes of Benjamin Franklin*, editado por Screechinth C (Roosevelt, UT: UB Tech, 2016), p. 158.
3. Scott Adams, «My Greatest Lesson», *Fast Company*, junio-julio 1998, p. 83.

CAPÍTULO 13: COMPARTE EL MÉRITO CON LOS DEMÁS

1. R. Edward Turner, ed., *The Quotable Perot* (San Francisco: 24 Hour Books, 1992), p. 26.
2. Michael Benson, ed., *Winning Words: Classic Quotes from the World of Sports* (Lanham, MD: Taylor Trade Publishing, 2008), p. 205.

CAPÍTULO 14: CREA MOMENTOS ESPECIALES PARA LOS DEMÁS

1. Lewis Carroll, *Through the Looking Glass* (Mineola: Dover Publications, 1999), p. 45 [*Alicia a través del espejo* (Madrid: Alianza Editorial, 2011)].
2. John McCrone, «Don't Forget Your Memory Aide: Only 30 and Already You Can't Remember What Was Discussed at Last Week's Meeting? By the

Time You Get Really Old and Forgetful, a Memory Prosthesis Could Be the Answer», *New Scientist*, 5 febrero 1994, https://institutions.newscientist.com/article/mg14119114-200/.

CAPÍTULO 15: COMPARTE INFORMACIÓN CON LOS DEMÁS

1. Charlie Wetzel, conversación con el autor.

CAPÍTULO 16: HABLA A LAS VIDAS DE LOS DEMÁS

1. J. Sterling Livingston, *Pygmalion in Management* (Boston: Harvard Business School Publishing, 2009).
2. David Jeremiah, *The Power of Encouragement* (Sisters, OR: Multnomah Books, 1997).
3. Helen Mrosla, «All Good Things», en *Chicken Soup for the Soul: 101 Stories to Open the Heart and Rekindle the Spirit*, ed. Jack Canfield y Mark Victor Hansen (Deerfield Beach, FL: Health Communications, 1993), pp. 125-128 [*Sopa de pollo para el alma* (Barcelona: Ediciones B., 1997)].
4. James C. Humes, *The Wit and Wisdom of Winston Churchill* (Nueva York: Harper Perennial, 1994), pp. 119-120.

CAPÍTULO 17: CONSTRUYE PUENTES PARA LOS DEMÁS

1. Henry Van Dyke, *The Works of Henry Van Dyke: Counsels by the Way* (Nueva York: Scribner and Sons, 1921), p. 129.
2. Susan Ratcliffe, ed., *Oxford Essential Quotations* (en línea: Oxford University Press, 2017), p. 162.

CAPÍTULO 18: HAZ TODO CON EXCELENCIA

1. Craig Impelman, «John Wooden's 7-Point Creed: "Be True to Yourself"», Success, The Wooden Effect, 13 diciembre 2016, https://www.thewoodeneffect.com/john-woodens-7-point-creed-true/?_hstc=71610892.561dc547e81bf7445a791b80837a5003.1728585327116.1728585327116.1728585327116.1&__hssc=71610892.1.1728585327116&__hsfp=2091169197.

CAPÍTULO 19: SÉ UNA PERSONA GENEROSA

1. Stephen Covey, *Los 7 hábitos de la gente altamente efectiva* (Barcelona: Ediciones Paidós, 2013).
2. Will Allen Dromgoole, «The Bridge Builder», *Father: An Anthology of Verse* (Nueva York: E.P. Dutton and Company, 1931), en el sitio web de Poetry

Foundation, consultado 19 junio 2024, https://www.poetryfoundation.org/poems/52702/the-bridge-builder.

3. Carroll Simcox, ed., *3000 Quotations on Christian Themes* (Grand Rapids, MI: Baker Book House, 1989).

CAPÍTULO 20: CONVIÉRTETE EN UN BUEN NARRADOR

1. Alexander Thorndike Rice, ed., *Reminiscences of Abraham Lincoln by Distinguished Men of His Time* (Nueva York: North American Publishing Company, 1886), pp. 427-428.
2. John Galt, *The Life and Studies of Benjamin West, Esq.* (Londres: Royal Academy of London, 1817), pp. 10-11; Richard W. Leeman, ed., *African-American Orators: A Bio-Critical Sourcebook* (Westport: Greenwood Publishing Group, 1996), p. 176.

CAPÍTULO 21: AYUDA A LAS PERSONAS A GANAR

1. Zig Ziglar, *The One Year Daily Insights with Zig Ziglar* (Carol Stream, IL: Tyndale Momentum, 2009), entrada 15 de mayo.

ACERCA DEL AUTOR

John C. Maxwell es autor número uno en la lista de *best sellers* del *New York Times*, además de orador, *coach* y líder. Ha vendido más de 36 millones de libros en cincuenta idiomas. Es el fundador de Maxwell Leadership®, la organización de desarrollo de liderazgo creada para ampliar el alcance de sus principios sobre cómo ayudar a las personas a generar un cambio poderoso y positivo. Los libros y programas de Maxwell han sido traducidos a setenta idiomas y se han utilizado para capacitar a decenas de millones de líderes en todos los países del mundo. Su trabajo también incluye el de Maxwell Leadership Foundation y EQUIP, organizaciones sin fines de lucro que han impactado a millones de adultos y jóvenes alrededor del mundo a través de una capacitación en liderazgo centrada en las personas y basada en valores.

John ha sido reconocido como el líder número uno en el ámbito empresarial por la American Management Association y como el experto en liderazgo más influyente del mundo por *Business Insider* y la revista *Inc.* Ha recibido el Premio Horatio Alger y el Premio Madre Teresa a la Paz Global y al Liderazgo otorgado por Luminary Leadership Network.

Maxwell y el trabajo de Maxwell Leadership continúan influyendo a individuos y organizaciones de todo el mundo: desde CEO de empresas de la lista *Fortune 500* y líderes nacionales, hasta emprendedores y los líderes del mañana. Para obtener más información sobre él y Maxwell Leadership, visita MaxwellLeadership.com.

¿HAS LEÍDO ALGO BRILLANTE Y QUIERES CONTÁRSELO AL MUNDO?

Ayuda a otros lectores a encontrar este libro:

- Publica una reseña en nuestra página de Facebook @**Harper*enfoque***.
- Publica una foto en tu cuenta de redes sociales y comparte por qué te agradó.
- Manda un mensaje a un amigo a quien también le gustaría, o mejor, regálale una copia.

¡Déjanos una reseña si te gustó el libro! ¡Es una buena manera de ayudar a los autores y de mostrar tu aprecio!

Visítanos en **harperenfoque.com** y síguenos en nuestras redes sociales.